책이 예쁘다고 너무 곱게 다루진 마세요.
마르고 닳도록 써 보고 말해 보세요.

초등영어
문장만들기가
먼저다

*이 책은 기출간된 〈영어연산훈련〉과 중복된 내용의 초등영어 버전입니다.

초등영어 문장만들기가 먼저다 4

지은이 박광희 · 캐나다 교사 영낭훈 연구팀 지음
초판 1쇄 인쇄 2018년 12월 31일
초판 1쇄 발행 2019년 1월 14일

발행인 박효상 **총괄 이사** 이종선 **편집장** 김현 **기획 · 편집** 김효정, 김설아 **디자인** 이연진
디자인 · 조판 the page 박성미 삽화 이소라
마케팅 이태호, 이전희 **관리** 김태옥

종이 월드페이퍼 **인쇄 · 제본** 현문자현

출판등록 제10-1835호 **발행처** 사람in **주소** 04034 서울시 마포구 양화로 11길 14-10 (서교동) 3F
전화 02) 338-3555(代) **팩스** 02) 338-3545 **E-mail** saramin@netsgo.com
Homepage www.saramin.com

책값은 뒤표지에 있습니다.
파본은 바꾸어 드립니다.

ISBN
978-89-6049-724-5 64740
978-89-6049-721-4 (세트)

사람이 중심이 되는 세상, 세상과 소통하는 책 사람in

4. 수식어로 문장 꾸미기

초등영어 문장만들기가 먼저다

본격 문법 공부 전에 문장 만들기 훈련이 먼저다!

: 수학에는 연산 훈련이 있다!

왜 미국과 캐나다 사람들은 간단한 암산을 할 때도 계산기를 쓸까요? 머리가 나빠서 계산기 없이는 셈을 못하는 것일까요? 그 이유는 바로, 북미에서는 수학 연산 훈련을 가르치지 않기 때문입니다. 결코 거기 사람들이 머리가 나쁘거나 계산 능력이 떨어져서가 아니에요. 그래서 우리는 암산 능력을 키워 주신 선생님과 부모님께 감사해야 해요. 꾸준히 수학 연산 훈련을 시켜 주신 덕분에 북미 사람들보다 더 빠르고 정확하게 계산할 줄 알게 된 것이니까요.

: 영어에는 문장 만들기 훈련이 필요하다!

수학은 빠르게 암산을 할 수 있도록 꾸준히 연산 훈련을 해왔어요. 하지만 영어는 문법과 단어를 외워서 문제만 풀었지 암산처럼 입에서 자동으로 나오게 하는 훈련을 안 했어요. 기본 문법 내용이 머리에서 맴돌고 금방 입으로 나오지 않는 건 능력이 없어서가 아니라 훈련이 부족했기 때문이에요.

이것은 실험으로도 증명돼요. Bobrow & Bower가 한 실험인데요, 한 집단에게는 이미 만들어진 문장을 외우게 했고, 다른 한 집단에게는 주어와 목적어를 주고 문장을 스스로 만들도록 했어요. 그 결과 주어진 문장을 암기한 집단은 29%가 문장을 다시 생각해 낸 반면, 주어와 목적어를 가지고 직접 문장을 만든 집단은 58%가 다시 그 문장을 기억해 냈어요. 외운 것은 금방 까먹지만 스스로 만든 것은 훨씬 기억에 오래 남는다는 거지요.

: 영어 문장 만들기 훈련의 5가지 규칙

캐나다에 7년 이상 살면서도 영어를 두려워하던 제 아내 이야기를 해볼게요. 한국에서 영어를 공부한 누구나가 그러하듯 아내 역시 영어가 머리에 둥둥 떠다니고 입으로 나오는 데는 한참이 걸렸어요. 말하는 사람도 답답하고 듣는 사람도 지치고……. 자신감도 점점 잃었지요. 그래서 저는 기본 문법의 문장 적용 능력을 키우기 위한 다섯 가지 규칙을 생각해 냈어요.

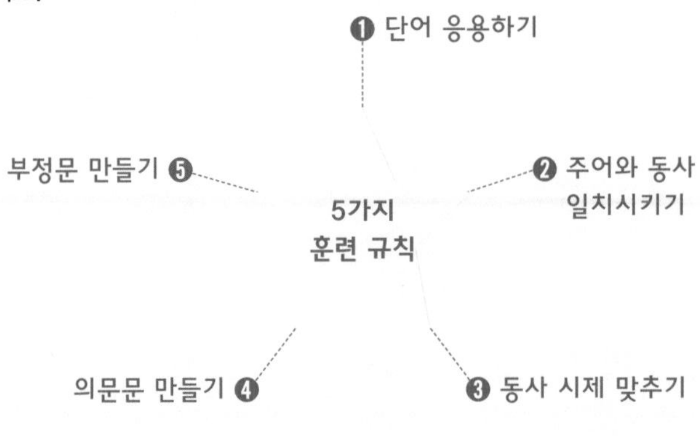

주어진 문장을 이 다섯 가지 규칙을 활용해 만들어 보는 것이 훈련의 가장 큰 핵심입니다. 이 다섯 가지 규칙을 활용해 꾸준히 영어 문장 만들기 훈련을 하면 암산하는 것처럼 빠르게 문장으로 말할 수 있어요. 그렇게 문장을 만들 줄 안다면 언제든 그 문장은 입으로 '툭'하고 나올 거예요.

: 영어로 입이 트이려는 학생들에게 효과 만점

어학원을 운영하면서 저는 이 다섯 가지 규칙의 훈련의 효과를 더욱 믿게 되었어요. 제가 영어를 사용할 기회가 없는 한국인들에게 권하는 게 낭독과 암송이에요. 영어 문장을 내 몸에 체화시켜 스피킹이 폭발적으로 터지게 하는 학습법이지요. 영어를 사용할 기회가 없는 한국적 상황에 참 좋은 방법이에요.

그런데 기초가 없는 학생들에게는 이 낭독과 암송이 쉽지 않았어요. 문장을 통해 자연스럽게 어순을 익혀 응용하기까지 생각보다 많은 시간이 걸리는 것이었어요. 그래서 저는 앞서 말한 다섯 가지 규칙으로 먼저 문장을 만들고 말하기 훈련을 시켜 보았고 결과는 성공! 여기에 낭독과 암송이 받쳐 주니 말문이 터지기 시작하더라고요.

: 문장 말하기 훈련 = 영어 두뇌로의 변화

영어는 우리말과 어순이 달라요. 그래서 참 배우기가 더 어렵죠. 그래서 이걸 해결하려고 문법부터 열심히 공부하죠. 그래서 어려운 용어를 뜻도 모른 채 외우고요. 하지만, 영어를 비롯한 모든 언어는 먼저 문장을 만들 수 있게 훈련을 한 다음 문법을 해야 해요. 물론 문장을 만들 수 있게 하는 기본 문법 정도는 선별해서 해야 하고요. 기본 회화 문장이 척척 나올 수 있게 훈련을 하고 나서 문법을 하게 되면 그 어렵던 문법이 전혀 어렵게 느껴지지 않아요.

: 영어 말문이 터지는 『초등영어 문장만들기가 먼저다』

그런데 이렇게 훈련시킬 수 있는 교재를 찾기가 힘들었어요. 그래서 캐나다의 현지 교사들과 팀을 이루어 총 7권의 시리즈로 목차와 구성을 짜고 기획 의도에 알맞은 영어 문장을 선별하는 작업을 했어요. 말하기에 유용한 기본 문법을 익혀 실생활에서 직관적 문장으로 말할 수 있게 한 혁신적인 영어 학습 과정, 『초등영어 문장만들기가 먼저다』는 그렇게 탄생했어요.

: 문장 만들기를 더 재미있게 할 수 있는 TIP!

구글홈이 있다면 혹은 스마트폰에서 구글 어시스턴트 앱을 다운받으면 더 재미있게 영어를 활용할 수 있습니다. 스마트폰의 경우 앱을 다운받아 스마트폰의 설정에서 언어를 영어와 한국어 이렇게 두 개로 지정해 놓으세요. 그리고 OK Google 이렇게 부른 다음 Repeat after me 라고 말하고 여러분이 직접 만든 문장을 말해 보세요. 그럼 구글홈 스피커나 구글 어시스턴트가 여러분이 말한 문장을 따라 말할 거예요. 또, OK Google 이렇게 부른 다음 여러분이 만든 문장을 말하고 구글이 하는 말을 들어보세요. 이렇게 말을 걸고 대답을 듣는 과정에서 영어 실력이 몰라보게 늘어날 거예요.

캐나다에서 '꿈동이' 박광희

이 책의 순서

unit 01	001-008	형용사-명사 꾸미기	pp.19~28
unit 02	009-014	형용사 비교급	pp.39~36
unit 03	015-018	형용사 최상급	pp.37~42
unit 04	019-022	특수 형용사 some · any	pp.43~48
unit 05	023-026	특수 형용사 every · all	pp.49~54
unit 06	027-030	특수 형용사 many · much	pp.55~60
unit 07	031-034	특수 형용사 (a) little · (a) few	pp.61~66
unit 08	035-038	특수 형용사 other · another	pp.67~72
unit 09	039-044	부사-동사 꾸미기	pp.73~80
unit 10	045-048	부사-형용사 · 부사 꾸미기	pp.81~86
unit 11	049-054	부사의 비교급	pp.87~94
unit 12	055-058	부사의 최상급	pp.95~100
unit 13	059-062	전치사 at	pp.101~106
unit 14	063-066	전치사 on	pp.107~112
unit 15	067-070	전치사 in	pp.113~118
unit 16	070-074	전치사 of	pp.119~124
unit 17	075-078	전치사 to	pp.125~130
unit 18	079-082	전치사 from	pp.131~136
unit 19	083-086	전치사 for	pp.137~142
unit 20	087-090	전치사 by	pp.143~148
unit 21	091-094	전치사 with	pp.149~154
unit 22	095-098	전치사 about	pp.155~160
unit 23	099-110	대명사 소유격	pp.161~175
unit 24	111-116	명사 소유격	pp.177~184
unit 25	117-120	재귀대명사	pp.185~190

이 책의 활용

이 책에는 영어 문장 만들기 훈련에 적합한 기본 문법을 담은 120개의 대표 문장이 실려 있습니다. 캐나다 현지 교사들이 초보 학습자가 기본 개념을 이해하고 말하기로 이어지게 고안한 문장들입니다. 이 120 문장을 다섯 가지 훈련 규칙에 따라 나만의 문장으로 만드는 연습을 해 보세요. 이 문장 만들기 규칙에 따라 스스로 문장을 만드는 과정을 통해 자연스럽게 문법과 영어의 문장 구조가 체화됩니다.
기본 문법을 활용하여 바로 바로 말하는 것을 목표로 훈련을 시작해 보세요!

눈으로 암기하는 문법 개념

영어 문장 만들기 훈련을 하기 위해 필요한 문법 개념을 알아봅니다. 문법은 단어를 어떻게 배열할 지에 대한 가이드로 문장의 의미는 단어 배열에 따라 달라집니다. 예문을 여러 번 따라 읽으며 정확한 단어의 순서를 익히세요.

손으로 체화하는 훈련

앞서 배운 문법을 활용해 회화로 이어지는 문장을 만들어 봅니다.
먼저, 손으로 쓰면서 문장을 완성하세요. **다섯 가지 훈련 규칙**에 따라 스스로 문장을 만드는 꾸준한 연습이 문법을 체화시켜 줍니다.
그 다음에, 각 문장을 5번씩 **낭독하기**(음원을 따라 읽기)와 **암송하기**(외워 말하기)를 하며 입으로도 훈련해 봅니다. 실전 말하기에서 바로 바로 나올 수 있도록 충분히 훈련하세요.

입으로 확인하는 문장 만들기

그림을 보고 그동안 배운 대표 문장을 입으로 만들어 봅니다.
말하기 전에 문법을 머리로 생각하는 과정을 생략할 수 있을 때까지 연습하세요. 꾸준한 문장 만들기 훈련으로 기본 문법을 활용한 말하기 문장이 문법이 문장으로 한방에 나올 수 있어야 비로소 훈련을 마칠 수 있습니다.

정답 및 MP3 파일은
www.saramin.com에서
다운로드 받으실 수 있습니다.

영어!
공부법이 알고 싶다

1 영어는 공부가 아닌 훈련을 해야 한다.

지식에는 두 가지 종류가 있습니다. 배움을 통해 얻어지는 **명시적 지식**과 익힘을 통해 알게 되는 **암묵적 지식**이 있습니다. 명시적 지식은 수학이나 과학 같이 사실을 암기하거나 논리적 추론으로 이해하는 지식으로 머리를 사용해 배웁니다. 한편, 암묵적 지식은 운동이나 악기처럼 반복적인 훈련을 통해 몸으로 체득하는 지식입니다.

그럼 영어는 명시적 지식에 속할까요? 암묵적 지식에 속할까요?
그동안 우리는 문법과 단어를 외우고 또 외우면서 영어를 암기했습니다. 하지만 놀랍게도 뇌 과학자들은 영어가 암묵적 지식이라고 말합니다. 뇌 영상 연구를 보면 암묵적 지식과 명시적 지식은 뇌의 다른 부분을 사용한다고 합니다. 수학을 공부할 때는 뇌의 다양한 부위를 사용하여 논리적인 추론을 하지만, 언어를 사용할 때의 뇌는 특정 부위만을 사용하는 것입니다.

2 '영어 낭독 훈련'과 '영어 암송 훈련'이 답이다.

우리가 문법을 아무리 완벽하게 암기하고 단어를 많이 알아도, 영어를 틀린 방법으로 공부했기 때문에 지금까지 영어로 말하기 힘들었던 것입니다.
아기들이 한국어를 배우는 과정을 살펴볼까요? 옹알이로 시작해 돌 무렵이면 주위 사람들이 하는 말을 듣고 계속 따라 하다가 말문이 트이면 자유자재로 말하게 됩니다. 여기서 중요한 건 듣고 또 듣고 따라 한다는 거죠.
영어도 이처럼 자연스럽게 체화하면 제일 좋겠지만 그러기에 불가능한 환경입니다. 그래서 영어 노출이 거의 없는 한국의 상황에서 **'영어 낭독 훈련'**과 **'영어 암송 훈련'은 영어를 자유자재로 구사할 수 있게 해주는 비법**입니다. 녹음된 외국인의 음성을 듣고 따라 말하는 훈련을 통해 발음과 억양, 리듬감을 정확히게 익히게 됩니다. 영어 문장이 내 몸처럼 익숙해질 때까지 입으로 암송하면 우리가 국어 문법을 배우지 않아도 문법에 맞는 한국어를 할 수 있는 것처럼 영어도 말할 수 있게 됩니다.

3 '영어 낭독 훈련'과 '영어 암송 훈련'에 '영어 문장 만들기 훈련'을 더하라.

'영어 낭독 훈련'과 '영어 암송 훈련'도 단점이 있습니다. 기본기가 없거나 언어 감각이 부족한 학생들은 내 몸이 기억해서 어느 순간 폭발적으로 스피킹이 터지기까지 너무 많은 시간이 걸립니다.

그때 문법이라는 가이드가 영어를 좀 더 쉽게 체화할 수 있도록 도와줄 수 있습니다. 문법을 알고 암송을 하면 문장을 받아들이는 속도가 빨라집니다. 수영법을 모르고 물에 들어가면 허우적대지만, 수영법을 배우고 물에 들어가면 빨리 뜰 수 있습니다. 이론을 배우면 실전에서 능률이 오르기 마련이지요.

하지만 시중의 영어 문법서들은 대부분 독해와 시험을 위한 문법서입니다. 문법 용어와 설명만 파고드는 건 의사소통을 위한 언어 훈련법으로 맞지 않습니다. 그래서 우리는 기본 문법을 영어 문장을 만들고 말하기로 이어지게 하는 훈련서를 개발했습니다. '수학 4칙 연산 훈련'이 셈을 빠르게 해주는 것처럼 『초등영어 문장 만들기가 먼저다』는 문법을 직관적으로 문장에 적용하고 곧바로 말로 나오게 훈련시켜 줍니다.

일치, 시간, 의문, 부정, 응용의 '영어 5가지 훈련 규칙'은 모든 영어 문장에 들어있는 기본 뼈대입니다. 다섯 가지 법칙을 적용하여 쓰고 말하는 훈련을 꾸준히 한다면, 몸이 문법을 기억하는 동시에 문법 응용 능력이 생겨 스스로 문장을 만들 수 있게 될 것입니다.

『초등영어 문장만들기가 먼저다』로 '머릿속에 머물던 문법'이 문장이 되어 입으로 나오게 해보세요.

본격적인 영어 문장 만들기 훈련을 하기 전에 ...

단어를 성격에 따라 구분해 봅시다.

1 동사

- 움직임(動)이나 상태를 나타내는 말(詞)이에요.
- 문장의 핵심이에요.
- 인칭, 수, 시제를 나타내요.

  I am Judy Kim. 나는 주디 킴이다.

  → 1인칭, 단수, 현재 시제
- 뒤에 무엇이 올지 결정해요.

  He kept me waiting. 그가 나를 기다리게 했다.

  → 타동사로 목적어 필요

2 명사

- 이름(名)을 나타내는 말(詞)이에요.
- 셀 수 있는 명사와 셀 수 없는 명사로 나눌 수 있어요.

① 셀 수 있는 명사

· 두루 쓰이는 일반적인 것의 이름 car, socks, shoes

· 모임 · 집단의 이름 family, class, police

② 셀 수 없는 명사

· 특정한 사람이나 사물의 이름 Sumi, the Han River

· 정해진 모양이 없는 것의 이름 sugar, salt, juice

· 눈에 보이지 않는 추상적인 것의 이름 love, friendship

3 대명사

- 명사(名)를 대신(代)하는 말(詞)이에요.

  Sumi is my friend. She is smart. 수미는 내 친구다. 그녀는 똑똑하다.

  (Sumi = She)

4 형용사

- 모양(形)이나 모습(容)을 나타내는 말(詞)이에요.
- 명사를 꾸미거나 술어에 의미를 더해요.

She has a red car. 그녀는 빨간 자동차가 있다.

I am happy. 나는 행복하다.

5 부사

- 옆에서 도와(副)주는 말(詞)이에요.
- 동사, 형용사, 다른 부사, 문장 전체를 꾸며요.

I am very happy. 나는 정말 행복하다.

6 전치사

- 앞(前)에 두는(置) 말(詞)이에요.
- 명사나 대명사 앞에서 방향, 시간, 장소, 상태를 나타내요.

A bird is on my arm. 새가 내 팔 위에 있다.

7 접속사

- 서로 맞대어 이어주는(接續) 말(詞)이에요.
- 단어와 단어, 문장과 문장을 연결해요.

Kevin and I are friends. 케빈과 나는 친구이다.

문장을 구성하는 요소를 알아봅시다.

주어	문장의 주체가 되는 말로 문장 필수 요소	··· 명사, 대명사
술어	주어에 대해 서술하는 말로 문장 필수 요소	··· 동사
목적어	술어의 목적이 되는 말	··· 명사, 대명사 등
보어	동사를 보충하는 말	··· 명사, 대명사, 형용사 등
수식어	주어, 동사, 목적어, 보어를 꾸며 주는 말	··· 형용사나 부사에 속하는 말

He can play the piano very well. 그는 피아노를 매우 잘 칠 수 있다.

He (주어) can play (술어) the piano (목적어) very well (수식어)

이 책의 학습 진도표

표준 학습 진도표 하루에 한 과씩 학습하고 리뷰로 복습하세요.

날짜	월 일	월 일	월 일	월 일	월 일	월 일
진도	**Unit 01** 형용사–명사 꾸미기	**Unit 02** 형용사 비교급	**Unit 03** 형용사 최상급	**Review** 001-018	**Unit 04** 특수 형용사 some · any	**Unit 05** 특수 형용사 every · all
자기평가	☆☆☆☆☆	☆☆☆☆☆	☆☆☆☆☆	☆☆☆☆☆	☆☆☆☆☆	☆☆☆☆☆
날짜	월 일	월 일	월 일	월 일	월 일	월 일
진도	**Unit 06** 특수 형용사 many · much	**Unit 07** 특수 형용사 (a) little · (a) few	**Unit 08** 특수 형용사 other · another	**Review** 019-038	**Unit 09** 부사–동사 꾸미기	**Unit 10** 부사–형용사 · 부사 꾸미기
자기평가	☆☆☆☆☆	☆☆☆☆☆	☆☆☆☆☆	☆☆☆☆☆	☆☆☆☆☆	☆☆☆☆☆
날짜	월 일	월 일	월 일	월 일	월 일	월 일
진도	**Unit 11** 부사의 비교급	**Unit 12** 부사의 최상급	**Review** 039-058	**Unit 13** 전치사 at **Unit 14** 전치사 on	**Unit 15** 전치사 in **Unit 16** 전치사 of	**Unit 17** 전치사 to **Review** 059-078
자기평가	☆☆☆☆☆	☆☆☆☆☆	☆☆☆☆☆	☆☆☆☆☆	☆☆☆☆☆	☆☆☆☆☆
날짜	월 일	월 일	월 일	월 일	월 일	월 일
진도	**Unit 18** 전치사 from **Unit 19** 전치사 for	**Unit 20** 전치사 by **Unit 21** 전치사 with	**Unit 22** 전치사 about **Review** 079-098	**Unit 23** 대명사 소유격	**Unit 24** 명사 소유격 **Unit 25** 재귀대명사	**Review** 099-120
자기평가	☆☆☆☆☆	☆☆☆☆☆	☆☆☆☆☆	☆☆☆☆☆	☆☆☆☆☆	☆☆☆☆☆

나의 학습 진도표 하루에 공부할 분량을 스스로 정하고, 목표를 꼭 지키세요.

날짜	월 일	월 일	월 일	월 일	월 일
진도					
자기평가	☆☆☆☆☆	☆☆☆☆☆	☆☆☆☆☆	☆☆☆☆☆	☆☆☆☆☆
날짜	월 일	월 일	월 일	월 일	월 일
진도					
자기평가	☆☆☆☆☆	☆☆☆☆☆	☆☆☆☆☆	☆☆☆☆☆	☆☆☆☆☆
날짜	월 일	월 일	월 일	월 일	월 일
진도					
자기평가	☆☆☆☆☆	☆☆☆☆☆	☆☆☆☆☆	☆☆☆☆☆	☆☆☆☆☆
날짜	월 일	월 일	월 일	월 일	월 일
진도					
자기평가	☆☆☆☆☆	☆☆☆☆☆	☆☆☆☆☆	☆☆☆☆☆	☆☆☆☆☆
날짜	월 일	월 일	월 일	월 일	월 일
진도					
자기평가	☆☆☆☆☆	☆☆☆☆☆	☆☆☆☆☆	☆☆☆☆☆	☆☆☆☆☆

Tell me,
and I'll forget.
Teach me,
and I may
remember.
Involve me,
and I learn.

- Benjamin Franklin

말해 주면 잊어버려요.
보여주면 기억할 수도 있겠죠.
내가 하면 깨달아요.

Benjamin Franklin 벤자민 프랭클린 1706~1790
출판업자이자 정치가, 과학자, 미국 건국의 아버지로 100달러 지폐에 초상화가 새겨져 있다.

UNIT 01

형용사-명사 꾸미기

시작 월 일 :

마침 월 일 :

A carrot is **good** *food.*

당근은 좋은 음식이다.

She is a **beautiful young** *lady.*

그녀는 아름답고 젊은 아가씨이다.

우리말로 '꾸밈말'이라고 하는 형용사는 명사를 꾸며 주는 일을 합니다. 거의 대부분의 형용사가 명사 앞에 놓이죠. 때로는 둘 이상의 형용사가 명사 앞에 쓰이기도 합니다. 또 하나 알아두어야 할 건 하나, 둘 … 셀 수 있는 명사일 때, a나 an은 「형용사+명사」 앞에 놓입니다.

▶ 001

★ 우리말 뜻을 참고하여 영어로 표현하세요.

Russia is a big country.
러시아는 큰 나라이다.

Is ***Russia*** a big country?
러시아는 큰 나라이니?

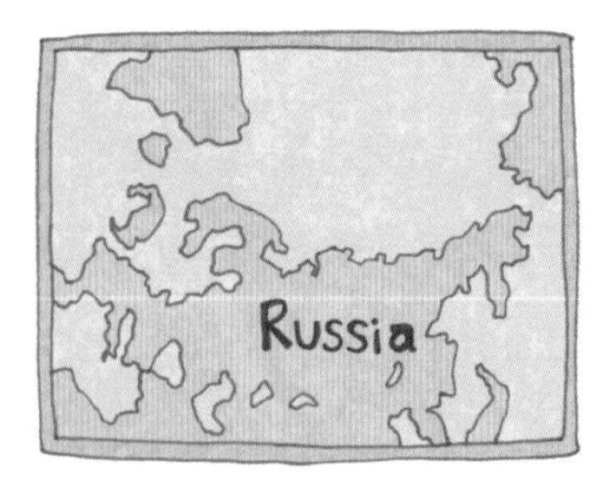

응용 ❶ 캐나다는 큰 나라이다. Canada

❷ 인도는 큰 나라이다. India

❸ 중국은 큰 나라이다. China

❹ 호주는 큰 나라이다. Australia

의문 ❺ 인도는 큰 나라이니? India

❻ 캐나다는 큰 나라이니? Canada

❼ 호주는 큰 나라이니? Australia

❽ 중국은 큰 나라이니? China

★ 우리말 뜻을 참고하여 영어로 표현하세요.

He watched a funny movie.

그는 재미있는 영화를 보았다.

Did he watch a funny movie?

그는 재미있는 영화를 보았니?

시간 ❶ 그는 재미있는 영화를 본다. 현재

❷ 그는 재미있는 영화를 보았다. 현재완료

❸ 그는 재미있는 영화를 보고 있었다. 과거진행

❹ 그는 재미있는 영화를 볼 것이다. 미래(be going to)

의문 ❺ 그는 재미있는 영화를 보았니? 현재완료

❻ 그는 재미있는 영화를 보고 있었니? 과거진행

❼ 그는 재미있는 영화를 볼 거니? 미래(be going to)

❽ 그는 재미있는 영화를 보니? 현재

▶ 003

★ 우리말 뜻을 참고하여 영어로 표현하세요.

We found a ***beautiful*** house.

우리는 아름다운 집 한 채를 발견했다.

We did not find a ***beautiful*** house.

우리는 아름다운 집 한 채를 발견하지 못했다.

find 찾다 – found – found

응용 ❶ 우리는 새 집 한 채를 발견했다. new

❷ 우리는 오래된 집 한 채를 발견했다. old

❸ 우리는 자그마한 집 한 채를 발견했다. small

❹ 우리는 커다란 집 한 채를 발견했다. big

부정 ❺ 우리는 새 집을 발견하지 못했다. new

❻ 우리는 커다란 집을 발견하지 못했다. big

❼ 우리는 자그마한 집을 발견하지 못했다. small

❽ 우리는 오래된 집을 발견하지 못했다. old

▶ 004

★ 우리말 뜻을 참고하여 영어로 표현하세요.

She found a beautiful old house.
그녀는 아름답고 오래된 집 한 채를 발견했다.

Did she find a beautiful old house?
그녀는 아름답고 오래된 집 한 채를 발견했니?

일치 ❶ 데이빗은 아름답고 오래된 집 한 채를 발견했다. David

❷ 그의 친구는 아름답고 오래된 집 한 채를 발견했다. His friend

❸ 그들은 아름답고 오래된 집 한 채를 발견했다. They

❹ 그의 형은 아름답고 오래된 집 한 채를 발견했다. His brother

의문 ❺ 그의 친구는 아름답고 오래된 집 한 채를 발견했니? his friend

❻ 데이빗은 아름답고 오래된 집 한 채를 발견했니? David

❼ 그들은 아름답고 오래된 집 한 채를 발견했니? they

❽ 그의 형은 아름답고 오래된 집 한 채를 발견했니? his brother

▶ 005

★ 우리말 뜻을 참고하여 영어로 표현하세요.

They had a wonderful time.

그들은 멋진 시간을 보냈다.

They did not have a wonderful time.

그들은 멋진 시간을 보내지 못했다.

일치 ❶ 빅토리아는 멋진 시간을 보냈다. Victoria

❷ 우리 부모님은 멋진 시간을 보냈다. My parents

❸ 나는 멋진 시간을 보냈다. I

❹ 우리는 멋진 시간을 보냈다. We

부정 ❺ 우리 부모님은 멋진 시간을 보내지 못했다. My parents

❻ 나는 멋진 시간을 보내지 못했다. I

❼ 우리는 멋진 시간을 보내지 못했다. We

❽ 빅토리아는 멋진 시간을 보내지 못했다. Victoria

★ 우리말 뜻을 참고하여 영어로 표현하세요.

They had a wonderful time
last night.
그들은 어젯밤에 멋진 시간을 보냈다.

Did they have a wonderful time
last night?
그들은 어젯밤에 멋진 시간을 보냈니?

응용 ❶ 그들은 어제 멋진 시간을 보냈다. yesterday

❷ 그들은 지난주에 멋진 시간을 보냈다. last week

❸ 그들은 지난달에 멋진 시간을 보냈다. last month

❹ 그들은 지난 여름에 멋진 시간을 보냈다. last summer

의문 ❺ 그들은 지난주에 멋진 시간을 보냈니? last week

❻ 그들은 지난 여름에 멋진 시간을 보냈니? last summer

❼ 그들은 어제 멋진 시간을 보냈니? yesterday

❽ 그들은 지난달에 멋진 시간을 보냈니? last month

▶ 007

★ 우리말 뜻을 참고하여 영어로 표현하세요.

Twitter is a free app.
트위터는 무료 앱이다.

Is ***Twitter*** a free app?
트위터는 무료 앱이니?

응용 ❶ 페이스북은 무료 앱이다. Facebook

❷ 카카오톡은 무료 앱이다. Kakao Talk

❸ 스카이프는 무료 앱이다. Skype

❹ 드롭박스는 무료 앱이다. Dropbox

의문 ❺ 카카오톡은 무료 앱이니? Kakao Talk

❻ 페이스북은 무료 앱이니? Facebook

❼ 스카이프는 무료 앱이니? Skype

❽ 드롭박스는 무료 앱이니? Dropbox

★ 우리말 뜻을 참고하여 영어로 표현하세요.

His sister is an ***awesome*** girl.
그의 여동생은 멋진 소녀이다.

His sister is not an ***awesome*** girl.
그의 여동생은 멋진 소녀가 아니다.

응용 ❶ 그의 여동생은 예쁜 소녀이다. pretty

❷ 그의 여동생은 상냥한 소녀이다. kind

❸ 그의 여동생은 수다스러운 소녀이다. talkative

❹ 그의 여동생은 똑똑한 소녀이다. smart

부정 ❺ 그의 여동생은 수다스러운 소녀가 아니다. talkative

❻ 그의 여동생은 상냥한 소녀가 아니다. kind

❼ 그의 여동생은 똑똑한 소녀가 아니다. smart

❽ 그의 여동생은 예쁜 소녀가 아니다. pretty

Review

001-008 그림을 보고 영어로 말해 보세요.

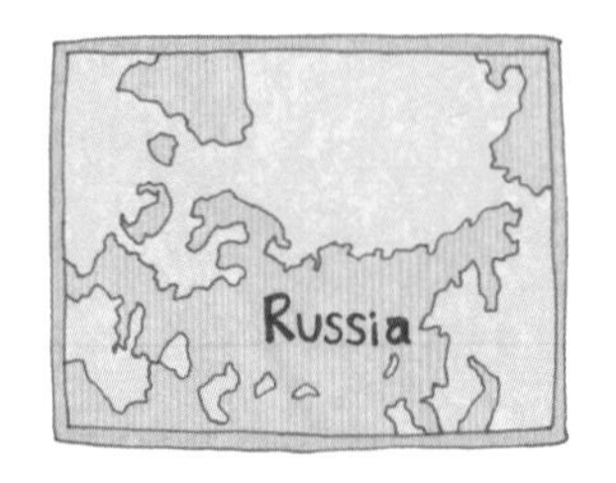

002

003

005

006

007

008

UNIT 02

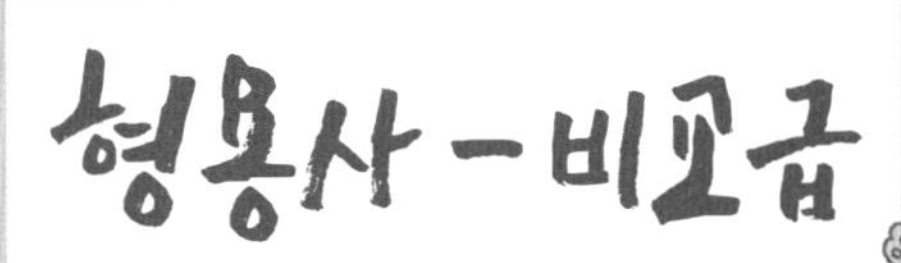

형용사 - 비교급

시작 월 일 :

마침 월 일 :

☆ *He is* **as tall as** *his father.*

그는 자기 아버지만큼 키가 크다.

'~만큼/처럼 …하다'로 서로 비슷한 점을 나타낼 때는 「as+형용사+as」의 형태로 씁니다.

☆ *She is* **wiser than** *her sister.*

그녀는 자기 언니보다 더 현명하다.

'~보다 더 …하다, ~보다 덜 …하다'는 「형용사 비교급+than」입니다. 이때 small, wise처럼 짧은 형용사는 뒤에 -(e)r을 붙여서 비교급을 만듭니다.

☆ *She is* **more diligent than** *her sister.*

그녀는 자기 언니보다 더 부지런하다.

She is **less diligent than** *her sister.*

그녀는 자기 언니보다 덜 부지런하다.

difficult, diligent처럼 약간 긴 형용사는 앞에 more나 less를 붙여 '더 ...한', '덜 ...한'을 나타낼 수 있습니다.

▶ 009

★ 우리말 뜻을 참고하여 영어로 표현하세요.

She is as smart as Allison.

그녀는 앨리슨만큼 똑똑하다.

She is not as smart as Allison.

그녀는 앨리슨만큼 똑똑하지 않다.

일치 ❶ 내 사촌은 앨리슨만큼 똑똑하다. My cousin

❷ 그의 여동생은 앨리슨만큼 똑똑하다. His sister

❸ 빅토리아는 앨리슨만큼 똑똑하다. Victoria

❹ 그 학생들은 앨리슨만큼 똑똑하다. The students

부정 ❺ 그의 여동생은 앨리슨만큼 똑똑하지 않다. His sister

❻ 그 학생들은 앨리슨만큼 똑똑하지 않다. The students

❼ 내 사촌은 앨리슨만큼 똑똑하지 않다. My cousin

❽ 빅토리아는 앨리슨만큼 똑똑하지 않다. Victoria

010

★ 우리말 뜻을 참고하여 영어로 표현하세요.

Andrew is as ***tall*** as his brother.
앤드류는 그의 형만큼 키가 크다.

Is Andrew as ***tall*** as his brother?
앤드류는 그의 형만큼 키가 크니?

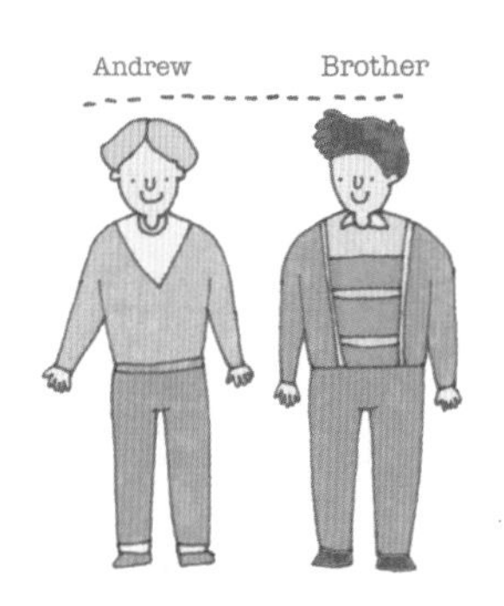

응용 ❶ 앤드류는 그의 형만큼 잘생겼다. handsome

❷ 앤드류는 그의 형만큼 똑똑하다. smart

❸ 앤드류는 그의 형만큼 빠르다. fast

❹ 앤드류는 그의 형만큼 친절하다. friendly

의문 ❺ 앤드류는 그의 형만큼 똑똑하니? smart

❻ 앤드류는 그의 형만큼 친절하니? friendly

❼ 앤드류는 그의 형만큼 빠르니? fast

❽ 앤드류는 그의 형만큼 잘생겼니? handsome

★ 우리말 뜻을 참고하여 영어로 표현하세요.

Your sister is slimmer than you.
네 언니는 너보다 날씬하다.

Is your sister slimmer than you?
네 언니는 너보다 날씬하니?

slim 날씬한 – slimmer 더 날씬한 than 뒤에 대명사가 올 때는 me, you, him, her, it, us, them 같은 형태를 주로 써요.

일치 ❶ 멜라니는 너보다 날씬하다. Melanie

❷ 네 친구는 너보다 날씬하다. Your friend

❸ 네 친구들은 너보다 날씬하다. Your friends

❹ 너의 엄마는 너보다 날씬하다. Your mom

의문 ❺ 네 친구는 너보다 날씬하니? your friend

❻ 네 친구들은 너보다 날씬하니? your friends

❼ 멜라니는 너보다 날씬하니? Melanie

❽ 너의 엄마는 너보다 날씬하니? your mom

★ 우리말 뜻을 참고하여 영어로 표현하세요.

Math is harder than ***science.***
수학은 과학보다 어렵다.

Math is not harder than ***science.***
수학은 과학보다 어렵지 않다.

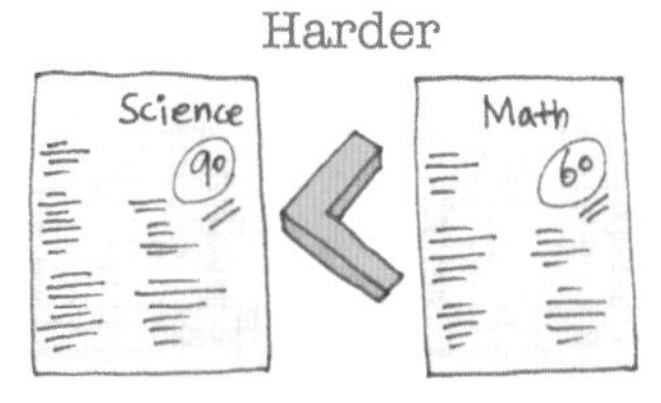

hard 어려운 – harder 더 어려운

응용 ❶ 수학은 영어보다 어렵다. English

❷ 수학은 역사보다 어렵다. history

❸ 수학은 음악보다 어렵다. music

❹ 수학은 미술보다 어렵다. art

부정 ❺ 수학은 역사보다 어렵지 않다. history

❻ 수학은 영어보다 어렵지 않다. English

❼ 수학은 음악보다 어렵지 않다. music

❽ 수학은 미술보다 어렵지 않다. art

013

★ 우리말 뜻을 참고하여 영어로 표현하세요.

He is more diligent than Ryan.
그는 라이언보다 부지런하다.

He is not more diligent than Ryan.
그는 라이언보다 부지런하지 않다.

☑ diligent 부지런한 – more diligent 더 부지런한

일치 ❶ 나는 라이언보다 부지런하다. I

❷ 그들은 라이언보다 부지런하다. They

❸ 데이빗은 라이언보다 부지런하다. David

❹ 데이빗과 나는 라이언보다 부지런하다. David and I

부정 ❺ 데이빗은 라이언보다 부지런하지 않다. David

❻ 나는 라이언보다 부지런하지 않다. I

❼ 데이빗과 나는 라이언보다 부지런하지 않다. David and I

❽ 그들은 라이언보다 부지런하지 않다. They

★ 우리말 뜻을 참고하여 영어로 표현하세요.

Soccer is less boring than baseball.
축구는 야구보다 덜 지루하다.

Is ***soccer*** less boring than baseball?
축구는 야구보다 덜 지루하니?

☑ boring 지루한 – less boring 덜 지루한

응용 ❶ 농구는 야구보다 덜 지루하다. Basketball

❷ 배구는 야구보다 덜 지루하다. Volleyball

❸ 테니스는 야구보다 덜 지루하다. Tennis

❹ 탁구는 야구보다 덜 지루하다. Table tennis

의문 ❺ 탁구는 야구보다 덜 지루하니? table tennis

❻ 배구는 야구보다 덜 지루하니? volleyball

❼ 농구는 야구보다 덜 지루하니? basketball

❽ 테니스는 야구보다 덜 지루하니? tennis

Review

009-014 그림을 보고 영어로 말해 보세요.

009

010

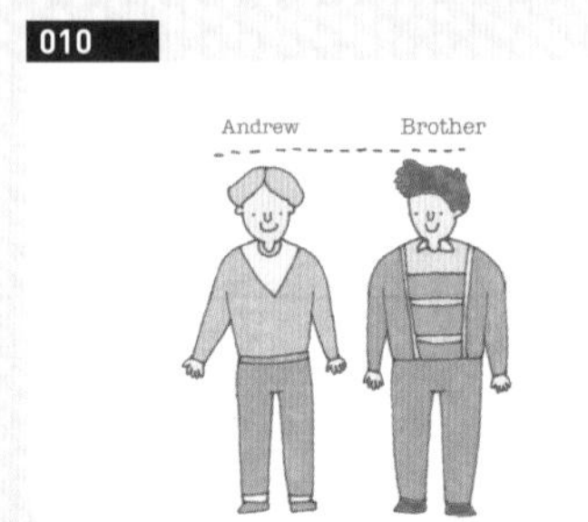

011

012

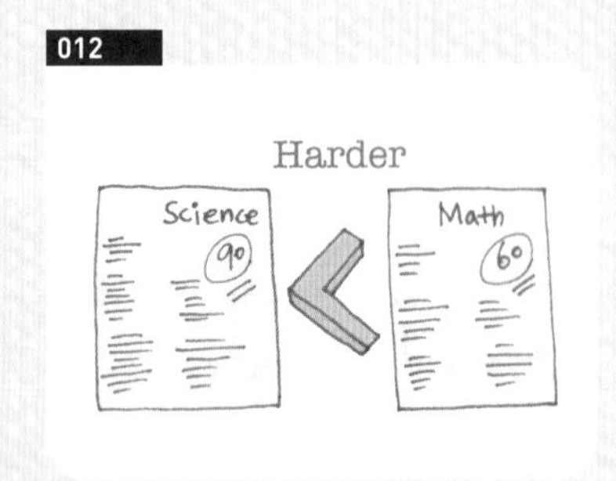

013

014

UNIT 03

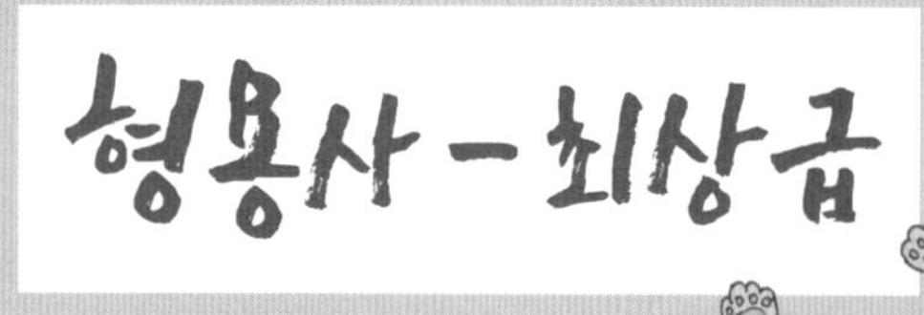

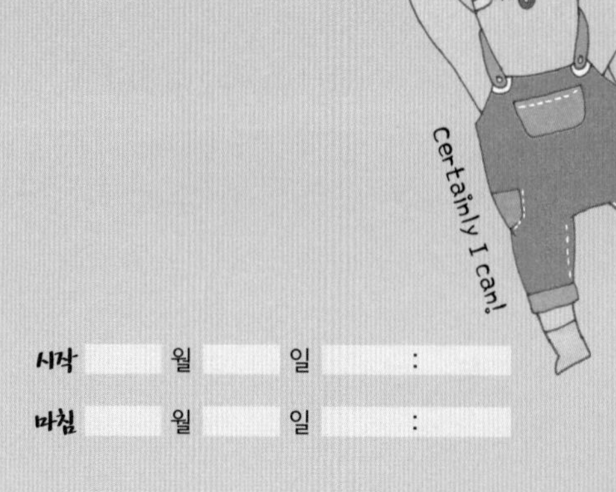

시작 월 일 :

마침 월 일 :

This is **the smallest** *table.*

이것은 가장 작은 탁자이다.

비교 대상들 중 성질, 상태 등의 정도가 가장 큰 것을 최상급이라고 합니다. '가장 …한'의 뜻으로 small, wise 처럼 짧은 형용사들은 뒤에 –(e)st를 붙여 만듭니다. 앞에는 보통 the를 씁니다.

This is **the most expensive** *table.*

이것은 가장 비싼 탁자이다.

This is **the least expensive** *table.*

이것은 가장 안 비싼 탁자이다.

expensive, difficult처럼 약간 긴 형용사들은 형용사 앞에 the most나 the least를 붙여 최상급을 만들 수 있습니다.

015

★ 우리말 뜻을 참고하여 영어로 표현하세요.

She is the tallest student.

그녀는 키가 가장 큰 학생이다.

She is not the tallest student.

그녀는 키가 가장 큰 학생이 아니다.

☑ tall 키가 큰 – tallest 가장 키가 큰

일치 ❶ 빅토리아는 키가 가장 큰 학생이다. Victoria

❷ 나는 키가 가장 큰 학생이다. I

❸ 그는 키가 가장 큰 학생이다. He

❹ 그녀의 오빠는 키가 가장 큰 학생이다. Her brother

부정 ❺ 나는 키가 가장 큰 학생이 아니다. I

❻ 그녀의 오빠는 키가 가장 큰 학생이 아니다. Her brother

❼ 빅토리아는 키가 가장 큰 학생이 아니다. Victoria

❽ 그는 키가 가장 큰 학생이 아니다. He

★ 우리말 뜻을 참고하여 영어로 표현하세요.

She is the ***tallest*** student in the class.
그녀는 반에서 키가 가장 큰 학생이다.

Is she the ***tallest*** student in the class?
그녀는 반에서 키가 가장 큰 학생이니?

☑ in the class 반에서 in class 수업 중에 (the의 유무에 따라 뜻이 달라져요.)

응용 ❶ 그녀는 반에서 키가 가장 작은 학생이다. short

❷ 그녀는 반에서 가장 귀여운 학생이다. cute

❸ 그녀는 반에서 가장 똑똑한 학생이다. smart

❹ 그녀는 반에서 가장 빠른 학생이다. fast

의문 ❺ 그녀는 반에서 가장 귀여운 학생이니? cute

❻ 그녀는 반에서 가장 똑똑한 학생이니? smart

❼ 그녀는 반에서 키가 가장 작은 학생이니? short

❽ 그녀는 반에서 가장 빠른 학생이니? fast

017

★ 우리말 뜻을 참고하여 영어로 표현하세요.

Andrew is the best player on our team.
앤드류는 우리 팀에서 최고의 선수이다.

Andrew is not the best player on our team.
앤드류는 우리 팀에서 최고의 선수가 아니다.

☑ good 좋은 – best 최고의   in our team보다 on our team을 쓰면 팀에 소속돼 있다는 느낌을 강하게 나타내요.

일치 ❶ 너는 우리 팀에서 최고의 선수이다. You

❷ 그는 우리 팀에서 최고의 선수이다. He

❸ 나는 우리 팀에서 최고의 선수이다. I

❹ 라이언은 우리 팀에서 최고의 선수이다. Ryan

부정 ❺ 나는우리 팀에서 최고의 선수가 아니다. I

❻ 라이언은 우리 팀에서 최고의 선수가 아니다. Ryan

❼ 너는 우리 팀에서 최고의 선수가 아니다. You

❽ 그는 우리 팀에서 최고의 선수가 아니다. He

★ 우리말 뜻을 참고하여 영어로 표현하세요.

His sister is the most ***talkative*** person in his family.

그의 여동생은 그의 식구 중에서 가장 수다스러운 사람이다.

Is his sister the most ***talkative*** person in his family?

그의 여동생이 그의 식구 중에서 가장 수다스러운 사람이니?

☑ talkative 수다스러운 - most talkative 가장 수다스러운

응용 ❶ 그의 여동생은 그의 식구 중에서 가장 부지런한 사람이다. diligent

❷ 그의 여동생은 그의 식구 중에서 가장 똑똑한 사람이다. intelligent

❸ 그의 여동생은 그의 식구 중에서 가장 재능이 있는 사람이다. talented

❹ 그의 여동생은 그의 식구 중에서 가장 유머감각이 있는 사람이다. humorous

의문 ❺ 그의 여동생이 그의 식구 중에서 가장 똑똑한 사람이니? intelligent

❻ 그의 여동생이 그의 식구 중에서 가장 유머감각이 있는 사람이니? humorous

❼ 그의 여동생이 그의 식구 중에서 가장 부지런한 사람이니? diligent

❽ 그의 여동생이 그의 식구 중에서 가장 재능이 있는 사람이니? talented

Review

015-018 그림을 보고 영어로 말해 보세요.

015

016

017

018

UNIT 04

특수 형용사 some · any

Certainly I can!

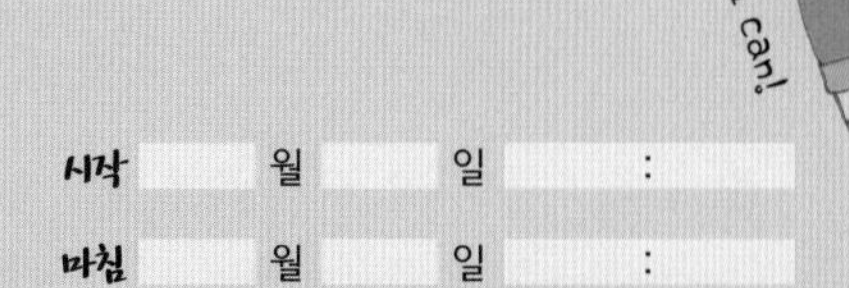

☆ *I have* **some** *DVDs.*

나는 DVD가 몇 개 있다.

some은 '약간', '몇몇'을 뜻하는 단어입니다. 이 some 뒤에는 셀 수 없는 명사와 셀 수 있는 명사 둘 다 올 수 있는데 셀 수 있는 명사가 올 때는 -s가 붙은 복수형이 옵니다.

☆ *I* **do not have any** *DVDs.*

나는 DVD가 하나도 없다.

Do you have any *DVDs?*

너는 혹시 DVD가 있니?

부정문과 의문문에서는 대부분 some 대신 any를 씁니다. 이때 부정문과 의문문에서 쓰이는 any는 '약간', '몇몇'의 뜻 외에 부정어 not과 함께 쓰여 '아무런', '어떤', '하나도', '전혀'의 의미를 갖기도 합니다.

019

★ 우리말 뜻을 참고하여 영어로 표현하세요.

He needs some help.
그는 도움이 좀 필요하다.

Does he need some help?
그는 도움이 좀 필요하니?

✔ 의문문에 some을 쓸 때는 긍정의 대답을 기대할 때예요. '좀', '약간'이라고 해석해요.

일치 ❶ 그녀는 도움이 좀 필요하다. She

❷ 그의 여동생들은 도움이 좀 필요하다. His sisters

❸ 엄마는 도움이 좀 필요하다. Mom

❹ 너의 할머니 할아버지는 도움이 좀 필요하다. Your grandparents

의문 ❺ 그의 여동생들은 도움이 좀 필요하니? his sisters

❻ 너의 할머니 할아버지는 도움이 좀 필요하니? your grandparents

❼ 그녀는 도움이 좀 필요하니? she

❽ 엄마는 도움이 좀 필요하니? Mom

▶ 020

★ 우리말 뜻을 참고하여 영어로 표현하세요.

She doesn't need any help.
그녀는 아무런 도움도 필요 없다.

Does she need any help?
그녀는 어떤 도움이 필요하니?

☑ 부정문이나 의문문에서 any는 흔히 '아무런', '어떤'이라고 해석하죠.

일치 ❶ 데이빗은 아무런 도움도 필요 없다. David

❷ 그들은 아무런 도움도 필요 없다. They

❸ 너희 할아버지는 아무런 도움도 필요 없다. Your grandpa

❹ 그 아이들은 아무런 도움도 필요 없다. The children

의문 ❺ 너희 할아버지는 어떤 도움이 필요하니? your grandpa

❻ 그들은 어떤 도움이 필요하니? they

❼ 데이빗은 어떤 도움이 필요하니? David

❽ 그 아이들은 어떤 도움이 필요하니? the children

★ 우리말 뜻을 참고하여 영어로 표현하세요.

He has invited some friends to the party.

그는 몇몇 친구들을 파티에 초대했다.

Has he invited any friends to the party?

그는 몇몇 친구들을 파티에 초대했니?

☑ invite ~ to… ~를 …에 초대하다

일치 ❶ 그녀는 몇몇 친구들을 파티에 초대했다. She

❷ 그 학생은 몇몇 친구들을 파티에 초대했다. The student

❸ 그의 부모님은 몇몇 친구들을 파티에 초대했다. His parents

❹ 앨리슨은 몇몇 친구들을 파티에 초대했다. Allison

의문 ❺ 그의 부모님은 몇몇 친구들을 파티에 초대했니? his parents

❻ 앨리슨은 몇몇 친구들을 파티에 초대했니? Allison

❼ 그녀는 몇몇 친구들을 파티에 초대했니? she

❽ 그 학생은 몇몇 친구들을 파티에 초대했니? the student

★ 우리말 뜻을 참고하여 영어로 표현하세요.

We have some ***juice*** in the fridge.
우리는 냉장고에 주스가 약간 있다.

We don't have any ***juice*** in the fridge.
우리는 냉장고에 주스가 하나도 없다.

☑ juice, milk, butter는 셀 수 없는 명사예요.

응용 ❶ 우리는 냉장고에 우유가 약간 있다. milk

❷ 우리는 냉장고에 버터가 약간 있다. butter

❸ 우리는 냉장고에 오렌지가 몇 개 있다. oranges

❹ 우리는 냉장고에 토마토가 몇 개 있다. tomatoes

부정 ❺ 우리는 냉장고에 버터가 하나도 없다. butter

❻ 우리는 냉장고에 오렌지가 하나도 없다. oranges

❼ 우리는 냉장고에 우유가 하나도 없다. milk

❽ 우리는 냉장고에 토마토가 하나도 없다. tomatoes

Review

019-022 그림을 보고 영어로 말해 보세요.

019

020

021

022

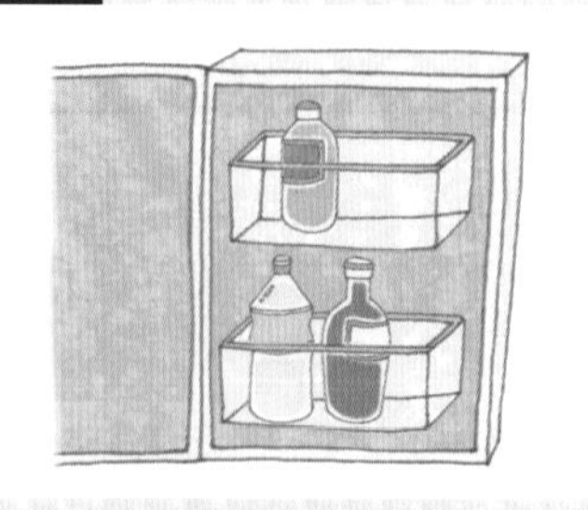

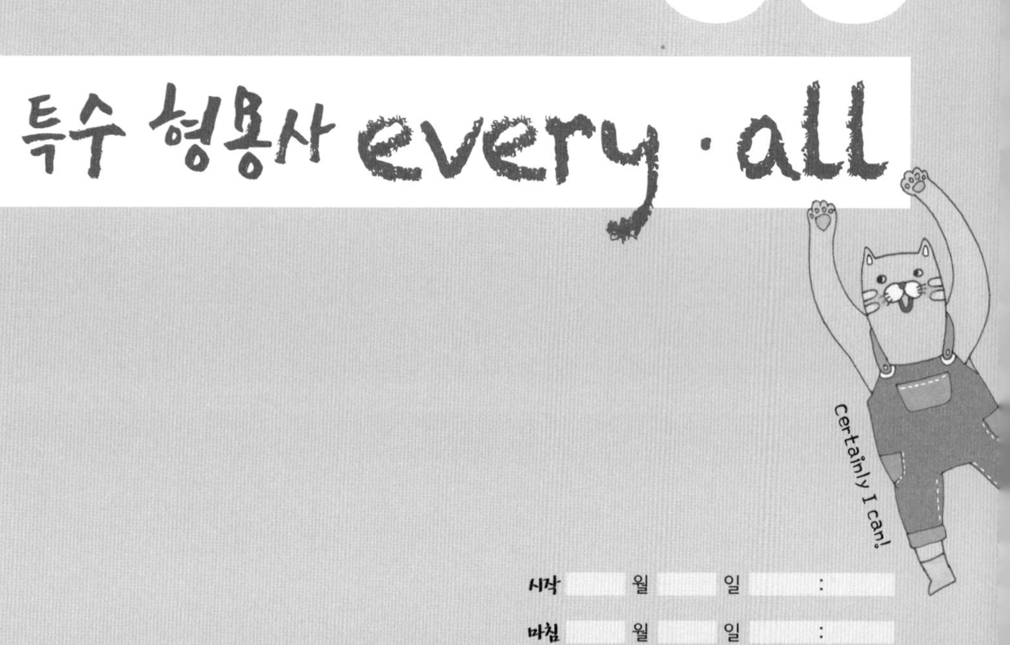

시작 월 일 :

마침 월 일 :

Every student needs *help.*
All (the) students need *help.*

모든 학생이 도움을 필요로 한다.

'모든 ~'는 「every+단수명사」나 「all (the)+복수명사」로 나타냅니다. 「every+단수명사」는 단수 취급하고, 「all (the)+복수명사」는 복수 취급하는 것에 유의하세요.

Every student does not *need help.*
All (the) students do not *need help.*

모든 학생이 도움을 필요로 하지 않는다. / 모든 학생이 도움을 필요로 하지는 않는다. (도움이 필요한 학생도 있다.)

Every, All이 부정어 not과 함께 쓰이면 두 가지 뜻으로 해석 가능합니다.

023

★ 우리말 뜻을 참고하여 영어로 표현하세요.

Every child needs *love.*

모든 아이들은 사랑이 필요하다.

Every child doesn't need *love.*

모든 아이들이 사랑이 필요한 것은 아니다.

☑ every A not B 모든 A가 B한 것은 아니다, 모든 A가 B하지 않다

응용 ❶ 모든 아이들은 사랑과 관심이 필요하다. love and care

❷ 모든 아이들은 도움이 필요하다. help

❸ 모든 아이들은 선생님이 필요하다. a teacher

❹ 모든 아이들은 롤 모델이 필요하다. a role model

부정 ❺ 모든 아이들이 도움이 필요한 것은 아니다. help

❻ 모든 아이들이 사랑과 관심이 필요한 것은 아니다. love and care

❼ 모든 아이들이 롤 모델이 필요한 것은 아니다. a role model

❽ 모든 아이들이 선생님이 필요한 것은 아니다. a teacher

▶ 024

★ 우리말 뜻을 참고하여 영어로 표현하세요.

All kids love ***ice cream.***

모든 아이들이 아이스크림을 무척 좋아한다.

Do all kids love ***ice cream?***

모든 아이들이 아이스크림을 좋아하니?

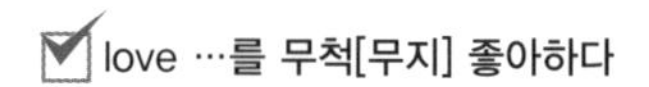
love …를 무척[무지] 좋아하다

응용 ❶ 모든 아이들이 피자를 무척 좋아한다. pizza

❷ 모든 아이들이 초콜릿을 무척 좋아한다. chocolate

❸ 모든 아이들이 햄버거를 무척 좋아한다. hamburgers

❹ 모든 아이들이 튀김 닭을 무척 좋아한다. fried chicken

의문 ❺ 모든 아이들이 초콜릿을 무척 좋아하니? chocolate

❻ 모든 아이들이 햄버거를 무척 좋아하니? hamburgers

❼ 모든 아이들이 튀김 닭을 무척 좋아하니? fried chicken

❽ 모든 아이들이 피자를 무척 좋아하니? pizza

★ 우리말 뜻을 참고하여 영어로 표현하세요.

Every ***piano*** sounds a bit different.
피아노는 모두 소리가 조금씩 다르다.

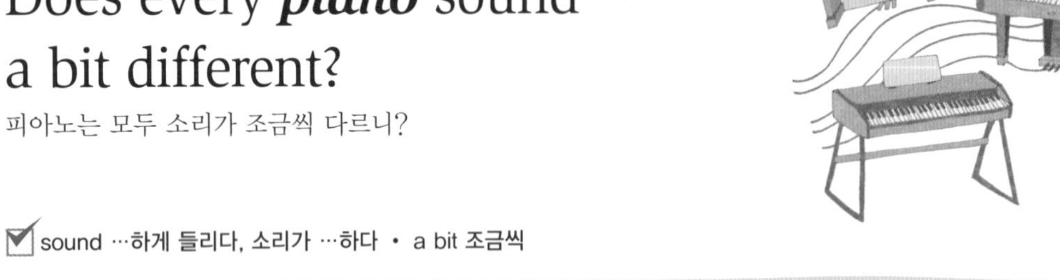

Does every ***piano*** sound a bit different?
피아노는 모두 소리가 조금씩 다르니?

☑ sound …하게 들리다, 소리가 …하다 • a bit 조금씩

응용 ❶ 바이올린은 모두 소리가 조금씩 다르다. violin

❷ 플루트는 모두 소리가 조금씩 다르다. flute

❸ 기타는 모두 소리가 조금씩 다르다. guitar

❹ 드럼은 모두 소리가 조금씩 다르다. drum

의문 ❺ 기타는 모두 소리가 조금씩 다르니? guitar

❻ 바이올린은 모두 소리가 조금씩 다르니? violin

❼ 플루트는 모두 소리가 조금씩 다르니? flute

❽ 드럼은 모두 소리가 조금씩 다르니? drum

★ 우리말 뜻을 참고하여 영어로 표현하세요.

All my friends are singing "Happy Birthday."
내 친구들은 모두 생일 축하 노래를 부르고 있다.

All my friends are not singing "Happy Birthday."
내 친구들은 모두 생일 축하 노래를 부르고 있지 않다.

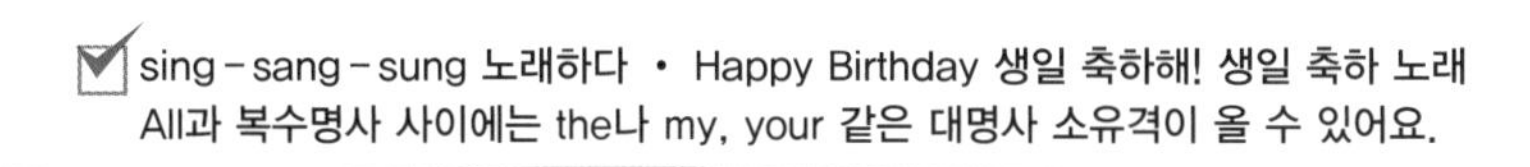

sing - sang - sung 노래하다 • Happy Birthday 생일 축하해! 생일 축하 노래
All과 복수명사 사이에는 the나 my, your 같은 대명사 소유격이 올 수 있어요.

시간 ❶ 내 친구들은 모두 생일 축하 노래를 부른다. 현재

❷ 내 친구들은 모두 생일 축하 노래를 불렀다. 과거

❸ 내 친구들은 모두 생일 축하 노래를 부르고 있었다. 과거진행

❹ 내 친구들은 모두 생일 축하 노래를 부를 것이다. 미래(be going to)

부정 ❺ 내 친구들은 모두 생일 축하 노래를 부르고 있지 않았다. 과거진행

❻ 내 친구들은 모두 생일 축하 노래를 부르지 않았다. 과거

❼ 내 친구들은 모두 생일 축하 노래를 부르지 않을 것이다. 미래(be going to)

❽ 내 친구들은 모두 생일 축하 노래를 부르지 않는다. 현재

Review

023-026 그림을 보고 영어로 말해 보세요.

023

024

025

026

UNIT 06

특수 형용사 many · much

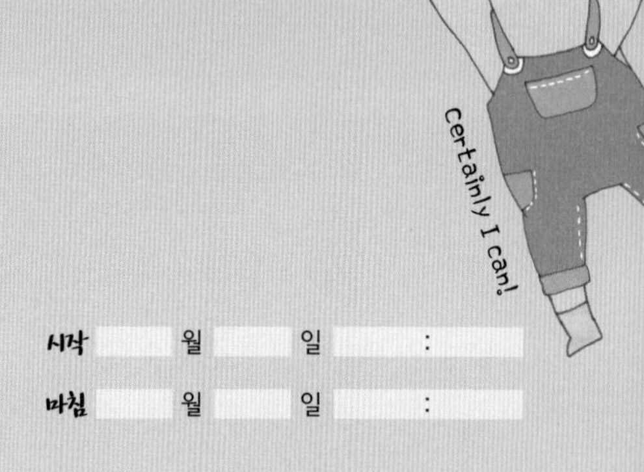

시작 월 일 :

마침 월 일 :

☆ *I have* **many books**.

나는 책이 많다.

I have **much money**.

나는 돈이 많다.

☆ **Do you have many** *books?*

너는 책이 많이 있니?

Do you have much *money?*

너는 돈이 많이 있니?

many와 much는 둘 다 '여러 ~, 많은 ~'의 뜻으로 many는 books, cars, students처럼 셀 수 있는 명사의 복수형 앞에, much는 water, time처럼 셀 수 없는 명사 앞에 씁니다.

▶ 027

★ 우리말 뜻을 참고하여 영어로 표현하세요.

He has many Facebook friends.
그는 페이스북 친구들이 많다.

He does not have many Facebook friends.
그는 페이스북 친구들이 많지 않다.

일치 ❶ 그녀는 페이스북 친구들이 많다. She

❷ 나는 페이스북 친구들이 많다. I

❸ 우리 형은 페이스북 친구들이 많다. My brother

❹ 앤드류는 페이스북 친구들이 많다. Andrew

부정 ❺ 나는 페이스북 친구들이 많지 않다. I

❻ 우리 형은 페이스북 친구들이 많지 않다. My brother

❼ 앤드류는 페이스북 친구들이 많지 않다. Andrew

❽ 그녀는 페이스북 친구들이 많지 않다. She

★ 우리말 뜻을 참고하여 영어로 표현하세요.

David has much knowledge of ***science.***

데이빗은 과학에 대해 아는 게 많다.

Does David have much knowledge of ***science?***

데이빗은 과학에 대해 아는 게 많니?

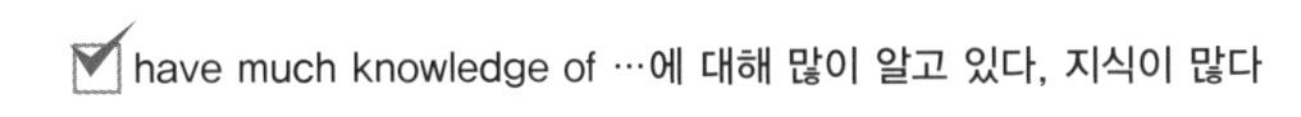

✓ have much knowledge of …에 대해 많이 알고 있다, 지식이 많다

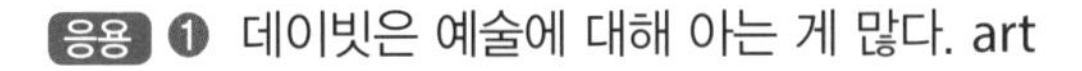

응용 ❶ 데이빗은 예술에 대해 아는 게 많다. art

❷ 데이빗은 언어에 대해 아는 게 많다. languages

❸ 데이빗은 역사에 대해 아는 게 많다. history

❹ 데이빗은 수학에 대해 아는 게 많다. math

의문 ❺ 데이빗은 역사에 대해 아는 게 많니? history

❻ 데이빗은 언어에 대해 아는 게 많니? languages

❼ 데이빗은 수학에 대해 아는 게 많니? math

❽ 데이빗은 예술에 대해 아는 게 많니? art

★ 우리말 뜻을 참고하여 영어로 표현하세요.

There are many kinds of ***coffee.***
여러 종류의 커피가 있다.

Are there many kinds of ***coffee?***
여러 종류의 커피가 있니?

☑ many kinds of ~ 많은(여러) 종류의 …

응용 ❶ 여러 종류의 차가 있다. tea

❷ 여러 종류의 치즈가 있다. cheese

❸ 여러 종류의 과일이 있다. fruits

❹ 여러 종류의 채소가 있다. vegetables

의문 ❺ 여러 종류의 치즈가 있니? cheese

❻ 여러 종류의 과일이 있니? fruits

❼ 여러 종류의 채소가 있니? vegetables

❽ 여러 종류의 차가 있니? tea

★ 우리말 뜻을 참고하여 영어로 표현하세요.

He eats too much junk food.

그는 인스턴트 식품을 너무 많이 먹는다.

He does not eat too much junk food.

그는 인스턴트 식품을 너무 많이 먹지는 않는다.

일치 ❶ 그녀는 인스턴트 식품을 너무 많이 먹는다. She

❷ 내 여동생은 인스턴트 식품을 너무 많이 먹는다. My sister

❸ 그 아이들은 인스턴트 식품을 너무 많이 먹는다. The children

❹ 그들은 인스턴트 식품을 너무 많이 먹는다. They

부정 ❺ 그 아이들은 인스턴트 식품을 너무 많이 먹지는 않는다. The children

❻ 내 여동생은 인스턴트 식품을 너무 많이 먹지는 않는다. My sister

❼ 그녀는 인스턴트 식품을 너무 많이 먹지는 않는다. She

❽ 그들은 인스턴트 식품을 너무 많이 먹지는 않는다. They

Review

027-030 그림을 보고 영어로 말해 보세요.

027

028

029

030

UNIT 07

특수 형용사 (a) little · (a) few

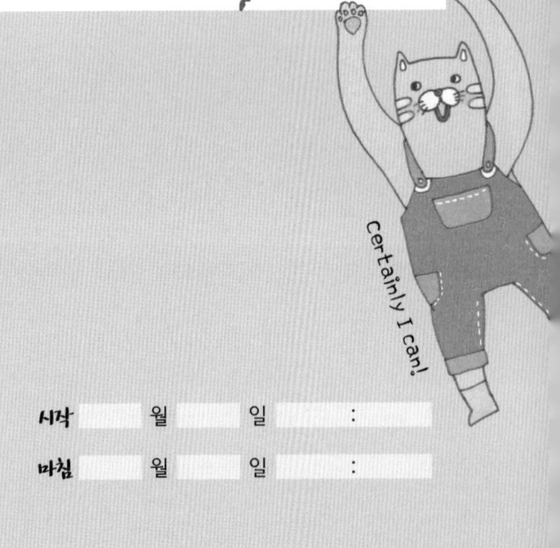

시작 월 일 :

마침 월 일 :

☆ *I have* **a few books**.

난 책이 몇 권 있다.

I have **a little money**.

난 돈이 조금 있다.

a few와 a little은 '조금, 약간, 몇몇'의 뜻으로 「a few+셀 수 있는 명사의 복수형」, 「a little+셀 수 없는 명사」의 형태로 쓰입니다.

☆ *I have* **few** *books.*

나는 책이 거의 없다.

I have **little** *money.*

나는 돈이 거의 없다.

few와 little은 '거의 없는'이라는 뜻으로 부정의 의미입니다.

★ 우리말 뜻을 참고하여 영어로 표현하세요.

He asked a few questions about it.

그는 그것에 관해 몇 가지 질문을 했다.

Did he ask a few questions about it?

그는 그것에 관해 몇 가지 질문을 했니?

☑ about …에 관해서

시간 ❶ 그는 그것에 관해 몇 가지 질문을 한다. 현재

❷ 그는 그것에 관해 몇 가지 질문을 하고 있다. 현재진행

❸ 그는 그것에 관해 몇 가지 질문을 하고 있었다. 과거진행

❹ 그는 그것에 관해 몇 가지 질문을 할 것이다. 미래(be going to)

의문 ❺ 그는 그것에 관해 몇 가지 질문을 할 거니? 미래(be going to)

❻ 그는 그것에 관해 몇 가지 질문을 하니? 현재

❼ 그는 그것에 관해 몇 가지 질문을 하고 있었니? 과거진행

❽ 그는 그것에 관해 몇 가지 질문을 하고 있니? 현재진행

★ 우리말 뜻을 참고하여 영어로 표현하세요.

Few ***people*** were at the theater.
영화관에 사람들이 거의 없었다.

Were few ***people*** at the theater?
영화관에 사람들이 거의 없었니?

at the theater 영화관에

응용 ❶ 영화관에 학생들이 거의 없었다. students

❷ 영화관에 아이들이 거의 없었다. children

❸ 영화관에 남자들이 거의 없었다. men

❹ 영화관에 여자들이 거의 없었다. women

의문 ❺ 영화관에 남자들이 거의 없었니? men

❻ 영화관에 여자들이 거의 없었니? women

❼ 영화관에 학생들이 거의 없었니? students

❽ 영화관에 아이들이 거의 없었니? children

★ 우리말 뜻을 참고하여 영어로 표현하세요.

She has little time on weekdays.

그녀는 평일에는 시간이 거의 없다.

Does she have little time on weekdays?

그녀는 평일에는 시간이 거의 없니?

☑ on weekdays 평일에는

일치 ❶ 아빠는 평일에는 시간이 거의 없다. Dad

❷ 그의 아버지는 평일에는 시간이 거의 없다. His father

❸ 학생들은 평일에는 시간이 거의 없다. The students

❹ 그들은 평일에는 시간이 거의 없다. They

의문 ❺ 학생들은 평일에는 시간이 거의 없니? the students

❻ 그의 아빠는 평일에는 시간이 거의 없니? his father

❼ 그들은 평일에는 시간이 거의 없니? they

❽ 아빠는 평일에는 시간이 거의 없니? Dad

★ 우리말 뜻을 참고하여 영어로 표현하세요.

She has a little time on weekends.
그녀는 주말에는 시간이 조금 있다.

Does she have a little time on weekends?
그녀는 주말에는 시간이 조금 있니?

☑ on weekends 주말에는

일치 ❶ 그녀의 이모는 주말에는 시간이 조금 있다. Her aunt

❷ 그의 친구들은 주말에는 시간이 조금 있다. His friends

❸ 그 아이들은 주말에는 시간이 조금 있다. The children

❹ 라이언은 주말에는 시간이 조금 있다. Ryan

의문 ❺ 그의 친구들은 주말에는 시간이 조금 있니? his friends

❻ 라이언은 주말에는 시간이 조금 있니? Ryan

❼ 그 아이들은 주말에는 시간이 조금 있니? the children

❽ 그녀의 이모는 주말에는 시간이 조금 있니? her aunt

Review

031 - 034 그림을 보고 영어로 말해 보세요.

031

032

033

034

UNIT 08

특수 형용사 other·another

Certainly I can!

시작 월 일 :

마침 월 일 :

다른	other +복수명사/단수명사	I have visited **other** *countries.* 난 다른 나라들을 방문했다.
그 밖의 다른	the other +단수명사/복수명사	I have visited **the other** *country.* 난 다른 나라를 방문했다.
또 다른, 또 하나, 더	another+단수명사	I have visited **another** *country.* 난 또 다른 나라를 방문했다.

other는 일반명사 앞에 쓰이며, the other의 경우 말하는 사람이 어떤 특정한 명사를 콕 집어서 지칭할 때 씁니다.

035

★ 우리말 뜻을 참고하여 영어로 표현하세요.

She gets along with other people.

그녀는 다른 사람들과 잘 지낸다.

Does she get along with other people?

그녀는 다른 사람들과 잘 지내니?

☑ get along with …와 잘 지내다

일치 ❶ 그는 다른 사람들과 잘 지낸다. He

❷ 그의 남동생은 다른 사람들과 잘 지낸다. His brother

❸ 너는 다른 사람들과 잘 지낸다. You

❹ 멜라니는 다른 사람들과 잘 지낸다. Melanie

의문 ❺ 너는 다른 사람들과 잘 지내니? you

❻ 멜라니는 다른 사람들과 잘 지내니? Melanie

❼ 그의 남동생은 다른 사람들과 잘 지내니? his brother

❽ 그는 다른 사람들과 잘 지내니? he

★ 우리말 뜻을 참고하여 영어로 표현하세요.

She tried the other knife.
그녀는 다른 칼을 한번 써 보았다.

Did she try the other knife?
그녀는 다른 칼을 한번 써 보았니?

시간 ❶ 그녀는 다른 칼을 한번 써 본다. 현재

❷ 그녀는 다른 칼을 한번 써 보고 있었다. 과거진행

❸ 그녀는 다른 칼을 한번 써 보았다. 현재완료

❹ 그녀는 다른 칼을 한번 써 볼 것이다. 미래(be going to)

의문 ❺ 그녀는 다른 칼을 한번 써 보니? 현재

❻ 그녀는 다른 칼을 한번 써 보았니? 현재완료

❼ 그녀는 다른 칼을 한번 써 볼 거니? 미래(be going to)

❽ 그녀는 다른 칼을 한번 써 보고 있었니? 과거진행

★ 우리말 뜻을 참고하여 영어로 표현하세요.

Another ***Starbucks*** is across the street.
또 다른 스타벅스가 길 건너편에 있다.

Is another ***Starbucks*** across the street?
또 다른 스타벅스가 길 건너편에 있니?

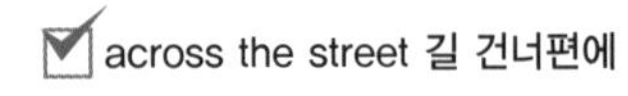
across the street 길 건너편에

응용 ❶ 또 다른 맥도널드가 길 건너편에 있다. McDonald's

❷ 또 다른 쇼핑몰이 길 건너편에 있다. shopping mall

❸ 또 다른 식당이 길 건너편에 있다. restaurant

❹ 또 다른 편의점이 길 건너편에 있다. convenience store

의문 ❺ 또 다른 맥도널드가 길 건너편에 있니? McDonald's

❻ 또 다른 편의점이 길 건너편에 있니? convenience store

❼ 또 다른 식당이 길 건너편에 있니? restaurant

❽ 또 다른 쇼핑몰이 길 건너편에 있니? shopping mall

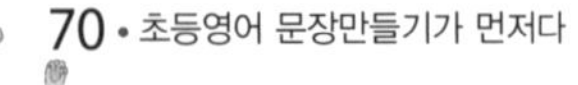

★ 우리말 뜻을 참고하여 영어로 표현하세요.

She has bought another cellphone case.

그녀는 휴대전화 케이스를 또 하나 샀다.

She has not bought another cellphone case.

그녀는 휴대전화 케이스를 또 하나 사지 않았다.

일치 ❶ 우리 누나는 휴대전화 케이스를 또 하나 샀다. My sister

❷ 나는 휴대전화 케이스를 또 하나 샀다. I

❸ 빅토리아는 휴대전화 케이스를 또 하나 샀다. Victoria

❹ 그의 친구는 휴대전화 케이스를 또 하나 샀다. His friend

부정 ❺ 빅토리아는 휴대전화 케이스를 또 하나 사지 않았다. Victoria

❻ 나는 휴대전화 케이스를 또 하나 사지 않았다. I

❼ 우리 누나는 휴대전화 케이스를 또 하나 사지 않았다. My sister

❽ 그의 친구는 휴대전화 케이스를 또 하나 사지 않았다. His friend

Review

035-038 그림을 보고 영어로 말해 보세요.

035

036

037

038

UNIT 09

부사 - 동사 꾸미기

시작 월 일 :

마침 월 일 :

He is **carefully** *listening to the teacher.*

= *He is listening to the teacher* **carefully**.

그는 선생님을 말씀을 주의 깊게 듣고 있다.

부사는 「형용사+-ly」의 형태가 많고 주로 동사를 꾸며 줍니다. 부사는 동사 뒤나 앞, 또는 문장 끝에 놓입니다.

She is **usually** *in the library on Sundays.*

그녀는 일요일에는 대개 도서관에 있다.

She **often** *walks home.*

그는 자주 집에 걸어간다.

부사 중 횟수나 빈도를 나타내는 것(sometimes, often, usually 등)은 be동사 뒤나 일반동사 앞에 씁니다.

★ 우리말 뜻을 참고하여 영어로 표현하세요.

She speaks ***Chinese*** well.
그녀는 중국어를 잘한다.

She doesn't speak ***Chinese*** well.
그녀는 중국어를 잘 못한다.

✔ speak (언어를) 말하다 • well 잘

응용 ❶ 그녀는 일본어를 잘한다. Japanese

❷ 그녀는 스페인어를 잘한다. Spanish

❸ 그녀는 불어를 잘한다. French

❹ 그녀는 독일어를 잘한다. German

부정 ❺ 그녀는 불어를 잘 못한다. French

❻ 그녀는 일본어를 잘 못한다. Japanese

❼ 그녀는 독일어를 잘 못한다. German

❽ 그녀는 스페인어를 잘 못한다. Spanish

★ 우리말 뜻을 참고하여 영어로 표현하세요.

He makes friends easily.

그는 친구를 쉽게 사귄다.

Does he make friends easily?

그는 친구를 쉽게 사귀니?

make friends **친구를 사귀다** • easy (쉬운) – easily (쉽게)

일치 ❶ 앤드류는 친구를 쉽게 사귄다. Andrew

❷ 그녀의 오빠는 친구를 쉽게 사귄다. Her brother

❸ 그들은 친구를 쉽게 사귄다. They

❹ 그의 누나는 친구를 쉽게 사귄다. His sister

의문 ❺ 그녀의 오빠는 친구를 쉽게 사귀니? her brother

❻ 그들은 친구를 쉽게 사귀니? they

❼ 앤드류는 친구를 쉽게 사귀니? Andrew

❽ 그의 누나는 친구를 쉽게 사귀니? his sister

★ 우리말 뜻을 참고하여 영어로 표현하세요.

He is running quickly to the store.
그는 급히 가게로 뛰어가고 있다.

Is he running quickly to the store?
그는 급히 가게로 뛰어가고 있니?

☑ quick (빠른) – quickly (빨리)

시간 ❶ 그는 급히 가게로 뛰어간다. 현재

❷ 그는 급히 가게로 뛰어가고 있었다. 과거진행

❸ 그는 급히 가게로 뛰어갔다. 현재완료

❹ 그는 급히 가게로 뛰어갈 것이다. 미래(will)

의문 ❺ 그는 급히 가게로 뛰어가니? 현재

❻ 그는 급히 가게로 뛰어갔니? 현재완료

❼ 그는 급히 가게로 뛰어갈 거니? 미래(will)

❽ 그는 급히 가게로 뛰어가고 있었니? 과거진행

★ 우리말 뜻을 참고하여 영어로 표현하세요.

He climbed the stairs slowly.

그는 계단을 천천히 올라갔다.

He didn't climb the stairs slowly.

그는 계단을 천천히 올라가지 않았다.

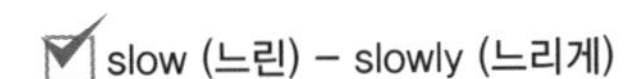

slow (느린) – slowly (느리게)

시간 ❶ 그는 계단을 천천히 올라간다. 현재

❷ 그는 계단을 천천히 올라가고 있다. 현재진행

❸ 그는 계단을 천천히 올라가고 있었다. 과거진행

❹ 그는 계단을 천천히 올라갔다. 현재완료

부정 ❺ 그는 계단을 천천히 올라가고 있지 않았다. 과거진행

❻ 그는 계단을 천천히 올라가지 않는다. 현재

❼ 그는 계단을 천천히 올라가고 있지 않다. 현재진행

❽ 그는 계단을 천천히 올라가지 않았다. 현재완료

★ 우리말 뜻을 참고하여 영어로 표현하세요.

I usually stay home on ***Sundays.***

나는 일요일에는 보통 집에 있다.

I don't usually stay home on ***Sundays.***

나는 일요일에는 보통 집에 없다.

☑ 횟수나 빈도를 나타내는 부사 usually, often 등은 의문문이나 부정문에서도 그 위치가 바뀌지 않아요.

응용 ❶ 나는 토요일에는 보통 집에 있다. Saturdays

❷ 나는 월요일에는 보통 집에 있다. Mondays

❸ 나는 금요일에는 보통 집에 있다. Fridays

❹ 나는 주말에는 보통 집에 있다. weekends

부정 ❺ 나는 금요일에는 보통 집에 없다. Fridays

❻ 나는 토요일에는 보통 집에 없다. Saturdays

❼ 나는 주말에는 보통 집에 없다. weekends

❽ 나는 월요일에는 보통 집에 없다. Mondays

▶ 044

★ 우리말 뜻을 참고하여 영어로 표현하세요.

David often ***checks*** emails.
데이빗은 자주 이메일을 확인한다.

Does David often ***check*** emails?
데이빗은 자주 이메일을 확인하니?

일치 ❶ 그녀의 아버지는 자주 이메일을 확인한다. Her father

❷ 그의 부모님은 자주 이메일을 확인한다. His parents

❸ 라이언은 자주 이메일을 확인한다. Ryan

❹ 그의 친구 라이언은 자주 이메일을 확인한다. His friend Ryan

의문 ❺ 그의 부모님은 자주 이메일을 확인하니? his parents

❻ 그녀의 아버지는 자주 이메일을 확인하니? her father

❼ 그의 친구 라이언은 자주 이메일을 확인하니? his friend Ryan

❽ 라이언은 자주 이메일을 확인하니? Ryan

Review

039-044 그림을 보고 영어로 말해 보세요.

041

043

044

UNIT 10

부사 - 형용사·부사 꾸미기

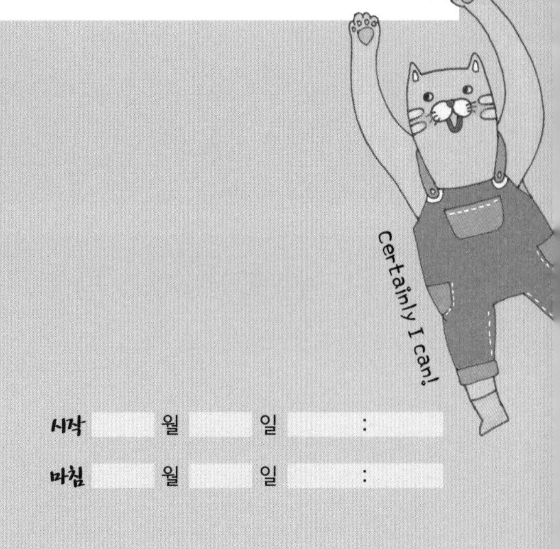

시작 월 일 :

마침 월 일 :

☆ *It is* **really difficult**.

그것은 정말로 어렵다.

부사는 동사 외에 형용사를 꾸며 주기도 합니다. 이 문장에서는 부사 really(정말)가 형용사 difficult(어려운)를 꾸며 주고 있습니다.

☆ *He runs* **very fast**.

그는 매우 빨리 달린다.

부사는 동사, 형용사 외에 다른 부사를 꾸며 주기도 합니다. 이때 자주 쓰이는 부사는 very, quite, too, really 등인데, 이 문장에서는 부사 very(매우)가 또 다른 부사 fast(빨리)를 꾸며 주고 있습니다.

★ 우리말 뜻을 참고하여 영어로 표현하세요.

He seems very ***tired.***

그는 매우 피곤해 보인다.

He does not seem very ***tired.***

그는 매우 피곤해 보이지 않는다.

☑ seem …하게 보이다

응용 ❶ 그는 매우 행복해 보인다. happy

❷ 그는 매우 슬퍼 보인다. sad

❸ 그는 매우 배고파 보인다. hungry

❹ 그는 매우 흥미진진해 보인다. excited

부정 ❺ 그는 매우 배고파 보이지 않는다. hungry

❻ 그는 매우 흥미진진해 보이지 않는다. excited

❼ 그는 매우 행복해 보이지 않는다. happy

❽ 그는 매우 슬퍼 보이지 않는다. sad

★ 우리말 뜻을 참고하여 영어로 표현하세요.

They go there quite often.
그들은 그곳에 꽤 자주 간다.

Do they go there quite often?
그들은 그곳에 꽤 자주 가니?

☑ quite often처럼 횟수를 나타내는 부사 앞에 다른 부사가 오면 대체로 문장 뒤에 놓여요.

일치 ❶ 그의 가족은 그곳에 꽤 자주 간다. His family

❷ 그녀는 그곳에 꽤 자주 간다. She

❸ 제니퍼는 그곳에 꽤 자주 간다. Jennifer

❹ 그의 친구들은 그곳에 꽤 자주 간다. His friends

의문 ❺ 제니퍼는 그곳에 꽤 자주 가니? Jennifer

❻ 그의 친구들은 그곳에 꽤 자주 가니? his friends

❼ 그의 가족은 그곳에 꽤 자주 가니? his family

❽ 그녀는 그곳에 꽤 자주 가니? she

★ 우리말 뜻을 참고하여 영어로 표현하세요.

She feels really sad.
그녀는 정말 슬퍼한다.

Does she feel really sad?
그녀는 정말 슬퍼하니?

☑ 「feel+감정 형용사」 (기분이) …하다

일치 ❶ 멜라니는 정말 슬퍼한다. Melanie

❷ 그는 정말 슬퍼한다. He

❸ 그녀의 엄마는 정말 슬퍼한다. Her mother

❹ 그들은 정말 슬퍼한다. They

의문 ❺ 그녀의 엄마는 정말 슬퍼하니? her mother

❻ 그들은 정말 슬퍼하니? they

❼ 멜라니는 정말 슬퍼하니? Melanie

❽ 그는 정말 슬퍼하니? he

▶ 048

★ 우리말 뜻을 참고하여 영어로 표현하세요.

She walks too slowly.
그녀는 너무 천천히 걷는다.

She does not walk too slowly.
그녀가 너무 천천히 걷지는 않는다.

시간 ❶ 그녀는 너무 천천히 걸었다. 과거

❷ 그녀는 너무 천천히 걷고 있다. 현재진행

❸ 그녀는 너무 천천히 걷고 있었다. 과거진행

❹ 그녀는 너무 천천히 걸었다. 현재완료

부정 ❺ 그녀가 너무 천천히 걷지는 않았다. 과거

❻ 그녀가 너무 천천히 걷지는 않았다. 현재완료

❼ 그녀가 너무 천천히 걷고 있지는 않았다. 과거진행

❽ 그녀가 너무 천천히 걷고 있지는 않다. 현재진행

Review

045-048 그림을 보고 영어로 말해 보세요.

045

046

047

048

UNIT 11

부사의 비교급

시작 월 일 :

마침 월 일 :

✿ *He works* **as hard as** *me.*

그는 나만큼 열심히 공부한다.

「as+부사+as」는 '~만큼/처럼 …하다'의 뜻으로 서로 동등한 입장에서 비교합니다.

✿ *He works* **harder than** *me.*

그는 나보다 더 열심히 공부한다.

Mom drives **more carefully than** *Dad.*

엄마는 아빠보다 더 주의해서 운전한다.

Dad drives **less carefully than** *Mom.*

아빠는 엄마보다 덜 주의해서 운전한다.

비교급의 다른 형태는 「부사의 비교급+than ~」입니다. 부사의 비교급은 hard, fast처럼 짧은 부사에는 -er을 붙입니다. often이나 carefully, beautifully처럼 -ly로 끝나는 부사들은 그 앞에 more나 less를 붙여 '~보다 더 ...하게, ~보다 덜 ...하게'를 뜻합니다.

★ 우리말 뜻을 참고하여 영어로 표현하세요.

I run as fast as David.

나는 데이빗만큼 빨리 달린다.

I don't run as fast as David.

난 데이빗만큼 빨리 못 달린다.

일치 ❶ 우리 형은 데이빗만큼 빨리 달린다. My brother

❷ 그는 데이빗만큼 빨리 달린다. He

❸ 내 친구는 데이빗만큼 빨리 달린다. My friend

❹ 그들은 데이빗만큼 빨리 달린다. They

부정 ❺ 내 친구는 데이빗만큼 빨리 못 달린다. My friend

❻ 우리 형은 데이빗만큼 빨리 못 달린다. My brother

❼ 그들은 데이빗만큼 빨리 못 달린다. They

❽ 그는 데이빗만큼 빨리 못 달린다. He

050

★ 우리말 뜻을 참고하여 영어로 표현하세요.

She studies as hard as ***me.***

그녀는 나만큼 열심히 공부한다.

Does she study as hard as ***me?***

그녀는 나만큼 열심히 공부하니?

☑「as+부사+as」 뒤에 대명사가 올 때는 me, her, him처럼 목적격을 쓰는 게 더 자연스러워요.

응용 ❶ 그녀는 자기 언니만큼 열심히 공부한다. her sister

❷ 그녀는 자기 오빠만큼 열심히 공부한다. her brother

❸ 그녀는 자기 반 친구들만큼 열심히 공부한다. her classmates

❹ 그녀는 빅토리아만큼 열심히 공부한다. Victoria

의문 ❺ 그녀는 자기 오빠만큼 열심히 공부하니? her brother

❻ 그녀는 자기 반 친구들만큼 열심히 공부하니? her classmates

❼ 그녀는 빅토리아만큼 열심히 공부하니? Victoria

❽ 그녀는 자기 언니만큼 열심히 공부하니? her sister

★ 우리말 뜻을 참고하여 영어로 표현하세요.

Andrew tries harder than the other students.

앤드류는 다른 학생들보다 더 열심히 노력한다.

Andrew does not try harder than the other students.

앤드류는 다른 학생들보다 더 열심히 노력하지 않는다.

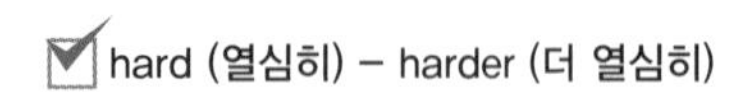
hard (열심히) – harder (더 열심히)

일치 ❶ 앨리슨은 다른 학생들보다 더 열심히 노력한다. Allison

❷ 나는 다른 학생들보다 더 열심히 노력한다. I

❸ 그녀는 다른 학생들보다 더 열심히 노력한다. She

❹ 내 친구는 다른 학생들보다 더 열심히 노력한다. My friend

부정 ❺ 나는 다른 학생들보다 더 열심히 노력하지 않는다. I

❻ 그녀는 다른 학생들보다 더 열심히 노력하지 않는다. She

❼ 내 친구는 다른 학생들보다 더 열심히 노력하지 않는다. My friend

❽ 앨리슨은 다른 학생들보다 더 열심히 노력하지 않는다. Allison

★ 우리말 뜻을 참고하여 영어로 표현하세요.

He texts more often than me.
그는 나보다 더 자주 문자를 한다.

Does he text more often than me?
그는 나보다 더 자주 문자를 하니?

often (자주) – more often (더 자주) • text는 '문자를 보내다'라는 동사로도 쓰여요.

일치 ❶ 그의 여동생은 나보다 더 자주 문자를 한다. His sister

❷ 그녀의 친구들은 나보다 더 자주 문자를 한다. Her friends

❸ 그녀는 나보다 더 자주 문자를 한다. She

❹ 그들은 나보다 더 자주 문자를 한다. They

의문 ❺ 그녀의 친구들은 나보다 더 자주 문자를 하니? her friends

❻ 그녀는 나보다 더 자주 문자를 하니? she

❼ 그의 여동생은 나보다 더 자주 문자를 하니? his sister

❽ 그들은 나보다 더 자주 문자를 하니? they

053

★ 우리말 뜻을 참고하여 영어로 표현하세요.

He speaks ***Korean*** more fluently than me.

그는 나보다 한국어를 유창하게 한다.

He does not speak ***Korean*** more fluently than me.

그는 나보다 한국어를 유창하게 못한다.

☑ fluently (유창하게) – more fluently (더 유창하게)

응용 ❶ 그는 나보다 중국어를 유창하게 한다. Chinese

❷ 그는 나보다 일본어를 유창하게 한다. Japanese

❸ 그는 나보다 불어를 유창하게 한다. French

❹ 그는 나보다 스페인어를 유창하게 한다. Spanish

부정 ❺ 그는 나보다 일본어를 유창하게 못한다. Japanese

❻ 그는 나보다 스페인어를 유창하게 못한다. Spanish

❼ 그는 나보다 불어를 유창하게 못한다. French

❽ 그는 나보다 중국어를 유창하게 못한다. Chinese

★ 우리말 뜻을 참고하여 영어로 표현하세요.

He drives less carefully than his ***brother.***

그는 자기 형보다 덜 조심스럽게 운전한다.

Does he drive less carefully than his ***brother?***

그는 자기 형보다 덜 조심스럽게 운전하니?

☑ carefully (조심스럽게) – less carefully (덜 조심스럽게)

응용 ❶ 그는 자기 누나보다 덜 조심스럽게 운전한다. sister

❷ 그는 자기 부모님보다 덜 조심스럽게 운전한다. parents

❸ 그는 자기 사촌보다 덜 조심스럽게 운전한다. cousin

❹ 그는 자기 삼촌보다 덜 조심스럽게 운전한다. uncle

의문 ❺ 그는 자기 삼촌보다 덜 조심스럽게 운전하니? uncle

❻ 그는 자기 부모님보다 덜 조심스럽게 운전하니? parents

❼ 그는 자기 누나보다 덜 조심스럽게 운전하니? sister

❽ 그는 자기 사촌보다 덜 조심스럽게 운전하니? cousin

Review

049-054 그림을 보고 영어로 말해 보세요.

049

050

051

052

053

054

UNIT 12

부사의 최상급

시작 월 일 :

마침 월 일 :

☆ *He runs* **the fastest**. 그가 가장 빨리 달린다.

'가장 ~하게'라는 부사의 최상급은 high, fast처럼 짧은 부사일 경우 끝에 -est만 붙여 만듭니다. 부사의 최상급은 the를 앞에 쓰거나 생략하기도 합니다.

☆ *She sings* **(the) most beautifully**.

그녀는 가장 아름답게 노래 부른다.

beautifully, effectively처럼 긴 부사 앞에는 the most를 쓰는데, the를 생략하기도 합니다.

Tip **불규칙 변화**

원급	비교급	최상급
well	better	best
bad	worse	worst
many, much	more	most

He did **the best** on the team. 그는 팀에서 최고로 잘했다.
She did **the worst** on the team. 그녀는 팀에서 제일 못했다.

★ 우리말 뜻을 참고하여 영어로 표현하세요.

Ryan plays the best on the team.
라이언은 팀에서 가장 경기를 잘한다.

Does ***Ryan*** play the best on the team?
라이언은 팀에서 가장 경기를 잘하니?

well (잘) – best (가장 잘)

일치 ❶ 그는 팀에서 가장 경기를 잘한다. He

❷ 그녀의 친구는 팀에서 가장 경기를 잘한다. Her friend

❸ 그 남자아이는 팀에서 가장 경기를 잘한다. The boy

❹ 그의 형은 팀에서 가장 경기를 잘한다. His brother

의문 ❺ 그녀의 친구가 팀에서 가장 경기를 잘하니? her friend

❻ 그 남자아이가 팀에서 가장 경기를 잘하니? the boy

❼ 그가 팀에서 가장 경기를 잘하니? he

❽ 그의 형이 팀에서 가장 경기를 잘하니? his brother

★ 우리말 뜻을 참고하여 영어로 표현하세요.

I enjoy ***mango*** smoothies most.
나는 망고 스무디를 가장 좋아한다.

I don't enjoy ***mango*** smoothies most.
나는 망고 스무디를 가장 좋아하지는 않는다.

most 가장, 최고로 • enjoy는 원래 '즐기다'의 뜻이지만 '좋아하다'의 뜻으로도 쓰여요.

응용 ❶ 나는 키위 스무디를 가장 좋아한다. kiwi

❷ 나는 딸기 스무디를 가장 좋아한다. strawberry

❸ 나는 바나나 스무디를 가장 좋아한다. banana

❹ 나는 복숭아 스무디를 가장 좋아한다. peach

부정 ❺ 나는 복숭아 스무디를 가장 좋아하지는 않는다. peach

❻ 나는 키위 스무디를 가장 좋아하지는 않는다. kiwi

❼ 나는 딸기 스무디를 가장 좋아하지는 않는다. strawberry

❽ 나는 바나나 스무디를 가장 좋아하지는 않는다. banana

057

★ 우리말 뜻을 참고하여 영어로 표현하세요.

She learns English most effectively.

그녀는 영어를 가장 효과적으로 배운다.

She doesn't learn English most effectively.

그녀는 영어를 가장 효과적으로 배우지 못한다.

☑ effectively (효과적으로) – most effectively (가장 효과적으로)

일치 ❶ 에밀리는 영어를 가장 효과적으로 배운다. Emily

❷ 나는 영어를 가장 효과적으로 배운다. I

❸ 우리는 영어를 가장 효과적으로 배운다. We

❹ 우리 오빠는 영어를 가장 효과적으로 배운다. My brother

부정 ❺ 나는 영어를 가장 효과적으로 배우지 못한다. I

❻ 우리 오빠는 영어를 가장 효과적으로 배우지 못한다. My brother

❼ 에밀리는 영어를 가장 효과적으로 배우지 못한다. Emily

❽ 우리는 영어를 가장 효과적으로 배우지 못한다. We

★ 우리말 뜻을 참고하여 영어로 표현하세요.

Andrew jumps highest of all the boys.

앤드류는 모든 남자아이들 중에서 가장 높이 뛴다.

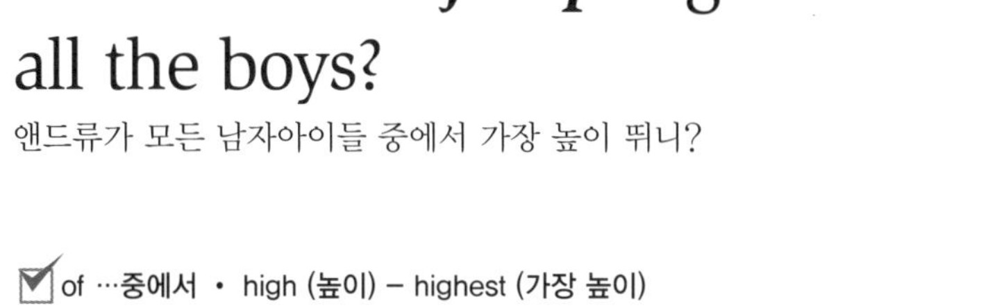

Does Andrew jump highest of all the boys?

앤드류가 모든 남자아이들 중에서 가장 높이 뛰니?

☑ of …중에서 • high (높이) – highest (가장 높이)

일치 ❶ 그는 모든 남자아이들 중에서 가장 높이 뛴다. He

❷ 그녀의 남동생은 모든 남자아이들 중에서 가장 높이 뛴다. Her brother

❸ 데이빗은 모든 남자아이들 중에서 가장 높이 뛴다. David

❹ 그녀의 남동생 데이빗은 모든 남자아이들 중에서 가장 높이 뛴다. Her brother David

의문 ❺ 그녀의 남동생이 모든 남자아이들 중에서 가장 높이 뛰니? her brother

❻ 데이빗이 모든 남자아이들 중에서 가장 높이 뛰니? David

❼ 그가 모든 남자아이들 중에서 가장 높이 뛰니? he

❽ 그녀의 남동생 데이빗이 모든 남자아이들 중에서 가장 높이 뛰니? her brother David

Review

055-058 그림을 보고 영어로 말해 보세요.

055

TEAM RANKING

		MEMBER
1		Ryan
2		David
3		Tom
4		Daniel

056

057

058

UNIT 13

전치사 at

Certainly I can!

시작 월 일 :

마침 월 일 :

☆ *I usually get up* **at** *6.*

나는 대체로 6시에 일어난다.

Children go to kindergarten **at** *6.*

아이들은 여섯 살에 유치원에 간다.

전치사 at 다음에 숫자가 오면 '~시에(시간)'이나 '~살에(나이)'를 의미합니다.

☆ *There are many people* **at** *the park.*

공원에 사람들이 많이 있다.

전치사 at 다음에 장소를 나타내는 명사가 오면 '~에'의 뜻이 됩니다.

★ 우리말 뜻을 참고하여 영어로 표현하세요.

My family had dinner at a fancy restaurant.

우리 가족은 근사한 식당에서 저녁을 먹었다.

My family didn't have dinner at a fancy restaurant.

우리 가족은 근사한 식당에서 저녁을 먹지 않았다.

일치 ❶ 우리는 근사한 식당에서 저녁을 먹었다. We

❷ 그들은 근사한 식당에서 저녁을 먹었다. They

❸ 멜라니는 근사한 식당에서 저녁을 먹었다. Melanie

❹ 멜라니와 나는 근사한 식당에서 저녁을 먹었다. Melanie and I

부정 ❺ 멜라니는 근사한 식당에서 저녁을 먹지 않았다. Melanie

❻ 멜라니와 나는 근사한 식당에서 저녁을 먹지 않았다. Melanie and I

❼ 우리는 근사한 식당에서 저녁을 먹지 않았다. We

❽ 그들은 근사한 식당에서 저녁을 먹지 않았다. They

▶ 060

★ 우리말 뜻을 참고하여 영어로 표현하세요.

He arrived at ***the train station.***

그는 기차역에 도착했다.

Did he arrive at ***the train station?***

그는 기차역에 도착했니?

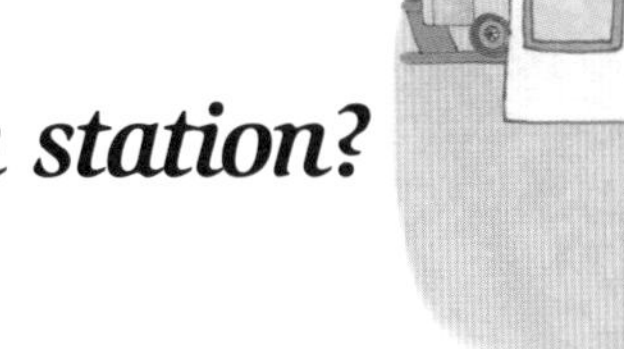

응용 ❶ 그는 공항에 도착했다. the airport

❷ 그는 자기 사무실에 도착했다. his office

❸ 그는 학교에 도착했다. school

❹ 그는 캠프장에 도착했다. the campsite

의문 ❺ 그는 캠프장에 도착했니? the campsite

❻ 그는 자기 사무실에 도착했니? his office

❼ 그는 학교에 도착했니? school

❽ 그는 공항에 도착했니? the airport

★ 우리말 뜻을 참고하여 영어로 표현하세요.

She is going to leave at 8 a.m.

그녀는 오전 8시에 떠날 것이다.

Is she going to leave at 8 a.m.?

그녀는 오전 8시에 떠날 거니?

a.m. 오전 • will은 지금 막 정해진 일을 말할 때, be going to는 예전부터 정해진 일을 말할 때 써요.

시간 ❶ 그녀는 오전 8시에 떠난다. 현재

❷ 그녀는 오전 8시에 떠났다. 현재완료

❸ 그녀는 오전 8시에 떠났다. 과거

❹ 그녀는 오전 8시에 떠날 것이다. 미래(will)

의문 ❺ 그녀는 오전 8시에 떠났니? 과거

❻ 그녀는 오전 8시에 떠나니? 현재

❼ 그녀는 오전 8시에 떠날 거니? 미래(will)

❽ 그녀는 오전 8시에 떠났니? 현재완료

★ 우리말 뜻을 참고하여 영어로 표현하세요.

My mother got married at 28.

우리 어머니는 28살에 결혼했다.

My mother did not get married at 28.

우리 어머니는 28살에 결혼하지 않았다.

☑ get married 결혼하다

일치 ❶ 그녀는 28살에 결혼했다. She

❷ 우리 이모는 28살에 결혼했다. My aunt

❸ 우리 삼촌은 28살에 결혼했다. My uncle

❹ 그들은 28살에 결혼했다. They

부정 ❺ 우리 이모는 28살에 결혼하지 않았다. My aunt

❻ 우리 삼촌은 28살에 결혼하지 않았다. My uncle

❼ 그녀는 28살에 결혼하지 않았다. She

❽ 그들은 28살에 결혼하지 않았다. They

Review

059-062 그림을 보고 영어로 말해 보세요.

059

060

061

062

UNIT 14

전치사 on

시작 월 일 :

마침 월 일 :

☆ *There is a cup* **on** *the table.*

탁자 위에 컵이 하나 있다.

전치사 on은 뒤에 장소를 나타내는 명사가 오면 '~ 바로 위에'의 뜻입니다.

☆ *They will return* **on** Sunday.

그들은 일요일에 돌아올 것이다.

That happened **on** September 11th, *2001*.

그건 2001년 9월 11일에 발생했다.

전치사 on이 '요일'이나 '특정한 날짜' 앞에 쓰이면 '~요일에', '~(날짜)일에'의 의미로 쓰입니다.

▶ 063

★ 우리말 뜻을 참고하여 영어로 표현하세요.

David has arrived on time.

데이빗은 정시에 도착했다.

David has not arrived on time.

데이빗은 정시에 도착하지 않았다.

☑ on time은 '정시에, 시간에 늦지 않게'의 뜻이에요.

일치 ❶ 그는 정시에 도착했다. He

❷ 내 친구는 정시에 도착했다. My friend

❸ 내 친구들은 정시에 도착했다. My friends

❹ 우리는 정시에 도착했다. We

부정 ❺ 내 친구는 정시에 도착하지 않았다. My friend

❻ 내 친구들은 정시에 도착하지 않았다. My friends

❼ 그는 정시에 도착하지 않았다. He

❽ 우리는 정시에 도착하지 않았다. We

★ 우리말 뜻을 참고하여 영어로 표현하세요.

David has arrived at the ***airport*** on time.

데이빗은 정시에 공항에 도착했다.

Has David arrived at the ***airport*** on time?

데이빗이 정시에 공항에 도착했니?

☑ 부사구가 여러 개 나올 때는 「장소+시간」의 순서로 써요.

응용 ① 데이빗은 정시에 버스 터미널에 도착했다. bus station

② 데이빗은 정시에 지하철역에 도착했다. subway station

③ 데이빗은 정시에 기차역에 도착했다. train station

④ 데이빗은 정시에 식당에 도착했다. restaurant

의문 ⑤ 데이빗이 정시에 지하철역에 도착했니? subway station

⑥ 데이빗이 정시에 버스 터미널에 도착했니? bus station

⑦ 데이빗이 정시에 식당에 도착했니? restaurant

⑧ 데이빗이 정시에 기차역에 도착했니? train station

★ 우리말 뜻을 참고하여 영어로 표현하세요.

He is sitting on the floor.

그는 바닥에 앉아 있다.

He is not sitting on the floor.

그는 바닥에 앉아 있지 않다.

✔ sit-sat-sat 앉다 • on the floor 바닥에

시간 ❶ 그는 바닥에 앉았다. 과거

❷ 그는 바닥에 앉았다. 현재완료

❸ 그는 바닥에 앉아 있었다. 과거진행

❹ 그는 바닥에 앉을 것이다. 미래(will)

부정 ❺ 그는 바닥에 앉지 않았다. 과거

❻ 그는 바닥에 앉아 있지 않았다. 과거진행

❼ 그는 바닥에 앉지 않을 것이다. 미래(will)

❽ 그는 바닥에 앉지 않았다. 현재완료

★ 우리말 뜻을 참고하여 영어로 표현하세요.

She was born on 5th June, 1997.
그녀는 1997년 6월 5일에 태어났다.

Was she born on 5th June, 1997?
그녀는 1997년 6월 5일에 태어났니?

☑ be born 태어나다

일치 ❶ 앨리슨은 1997년 6월 5일에 태어났다. Allison

❷ 그의 사촌은 1997년 6월 5일에 태어났다. His cousin

❸ 그녀는 1997년 6월 5일에 태어났다. She

❹ 그 쌍둥이들은 1997년 6월 5일에 태어났다. The twins

의문 ❺ 그의 사촌은 1997년 6월 5일에 태어났니? his cousin

❻ 그녀는 1997년 6월 5일에 태어났니? she

❼ 앨리슨은 1997년 6월 5일에 태어났니? Allison

❽ 그 쌍둥이들은 1997년 6월 5일에 태어났니? the twins

Review

063-066 그림을 보고 영어로 말해 보세요.

063

064

065

066

UNIT 15 전치사 in

시작 월 일 :

마침 월 일 :

His bag was **in** *the car.*

그의 가방은 차 안에 있었다.

전치사 in은 기본적으로 '~ 안에'의 의미이며, 뒤에 장소 명사가 오면 '(장소 안)에'의 뜻입니다.

It is very hot **in** *summer.*

여름에는 매우 덥다.

전치사 in 뒤에 '계절'이나 '월'이 올 수 있는데, 이때는 '~ 계절에(는)', '~월에'의 뜻입니다.

I will be back **in** *ten minutes.*

나는 10분 후에 돌아올 것이다.

미래시제에서 전치사 in 뒤에 시간 표현이 오면 '~ 시간 후에'를 뜻합니다.

067

★ 우리말 뜻을 참고하여 영어로 표현하세요.

My birthday is in ***July.***

내 생일은 7월이다. (내 생일은 7월에 있다.)

My birthday is not in ***July.***

내 생일은 7월이 아니다.

응용 ❶ 내 생일은 2월이다. February

❷ 내 생일은 10월이다. October

❸ 내 생일은 3월이다. March

❹ 내 생일은 12월이다. December

부정 ❺ 내 생일은 3월이 아니다. March

❻ 내 생일은 10월이 아니다. October

❼ 내 생일은 12월이 아니다. December

❽ 내 생일은 2월이 아니다. February

★ 우리말 뜻을 참고하여 영어로 표현하세요.

The fruit is in the bowl.
과일이 그릇에 담겨 있다.

Is the fruit in the bowl?
과일이 그릇에 담겨 있니?

☑ bowl 우묵한 그릇

일치 ❶ 오렌지가 그릇에 담겨 있다. The orange

❷ 바나나가 그릇에 담겨 있다. The banana

❸ 오렌지와 바나나가 그릇에 담겨 있다. The orange and banana

❹ 사과들이 그릇에 담겨 있다. The apples

의문 ❺ 바나나가 그릇에 담겨 있니? the banana

❻ 오렌지와 바나나가 그릇에 담겨 있니? the orange and banana

❼ 사과들이 그릇에 담겨 있니? the apples

❽ 오렌지가 그릇에 담겨 있니? the orange

069

★ 우리말 뜻을 참고하여 영어로 표현하세요.

We are going to leave in two days.

우리는 이틀 후에 떠날 것이다.

We are not going to leave in two days.

우리는 이틀 후에 떠나지 않을 것이다.

☑ two days 이틀

일치 ❶ 빅토리아는 이틀 후에 떠날 것이다. Victoria

❷ 우리 삼촌은 이틀 후에 떠날 것이다. My uncle

❸ 그녀의 가족은 이틀 후에 떠날 것이다. Her family

❹ 그들은 이틀 후에 떠날 것이다. They

부정 ❺ 그녀의 가족은 이틀 후에 떠나지 않을 것이다. Her family

❻ 빅토리아는 이틀 후에 떠나지 않을 것이다. Victoria

❼ 그들은 이틀 후에 떠나지 않을 것이다. They

❽ 우리 삼촌은 이틀 후에 떠나지 않을 것이다. My uncle

★ 우리말 뜻을 참고하여 영어로 표현하세요.

The television is in the living room.
텔레비전이 거실에 있다.

Is the television in the living room?
텔레비전이 거실에 있니?

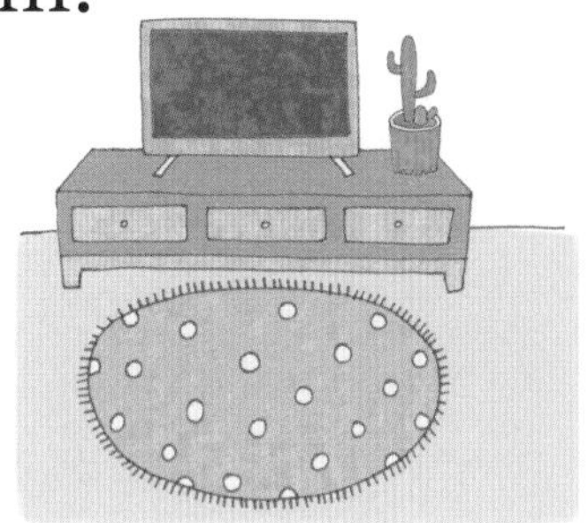

일치 ❶ 소파가 거실에 있다. The sofa

❷ 가죽 소파가 거실에 있다. The leather sofa

❸ 둥근 탁자가 거실에 있다. The round table

❹ 소파와 탁자가 거실에 있다. The sofa and table

의문 ❺ 둥근 탁자가 거실에 있니? the round table

❻ 가죽 소파가 거실에 있니? the leather sofa

❼ 소파와 탁자가 거실에 있니? the sofa and table

❽ 소파가 거실에 있니? the sofa

Review

067-070 그림을 보고 영어로 말해 보세요.

067

068

069

070

UNIT
16
전치사 of

시작 월 일 :

마침 월 일 :

☆ *I bought a bag* **of** *popcorn.*

나는 팝콘 한 봉지(한 봉지의 팝콘)를 샀다.

전치사 of는 '…의'라는 뜻으로, 명사와 명사를 결합하여 하나의 표현을 만들 때 주로 사용합니다. 예를 들어 '한 장의 종이', '한 병의 물'이라고 할 때 각각 of를 사용해 a piece of paper, a bottle of water라고 말합니다.

☆ *She is proud* **of** *her son.*

그녀는 그녀의 아들을 자랑스러워한다.

of는 a lot of(많은 …), be proud of(…을 자랑스러워하다), take care of(…을 돌보다) 등과 같이 숙어 표현으로도 자주 쓰입니다.

of가 쓰인 단위 표현

a piece of 한 조각의/한 장의 … a cup of 한 잔의 … a glass of 한 잔의 …

a sheet of 한 장의 … a loaf of 한 덩어리의 …

★ 우리말 뜻을 참고하여 영어로 표현하세요.

He needs three pieces of paper.
그는 종이 세 장이 필요하다.

He does not need three pieces of paper.
그는 종이 세 장이 필요하지 않다.

일치 ❶ 우리는 종이 세 장이 필요하다. We

❷ 데이빗은 종이 세 장이 필요하다. David

❸ 그녀는 종이 세 장이 필요하다. She

❹ 우리 오빠는 종이 세 장이 필요하다. My brother

부정 ❺ 그녀는 종이 세 장이 필요하지 않다. She

❻ 우리는 종이 세 장이 필요하지 않다. We

❼ 우리 오빠는 종이 세 장이 필요하지 않다. My brother

❽ 데이빗은 종이 세 장이 필요하지 않다. David

★ 우리말 뜻을 참고하여 영어로 표현하세요.

There are several ways of cooking ***eggs.***
계란을 요리하는 몇 가지 방법이 있다.

Are there several ways of cooking ***eggs?***
계란을 요리하는 몇 가지 방법이 있니?

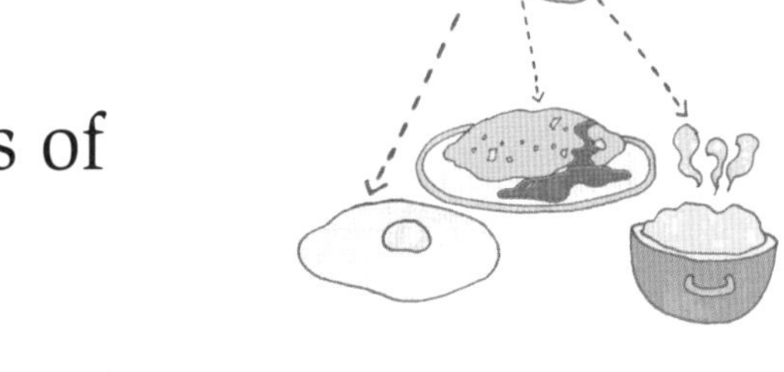

several 몇몇의 • ways of –ing …하는 방법들

응용 ❶ 감자를 요리하는 몇 가지 방법이 있다. potatoes

❷ 토마토를 요리하는 몇 가지 방법이 있다. tomatoes

❸ 시금치를 요리하는 몇 가지 방법이 있다. spinach

❹ 버섯을 요리하는 몇 가지 방법이 있다. mushrooms

의문 ❺ 감자를 요리하는 몇 가지 방법이 있니? potatoes

❻ 시금치를 요리하는 몇 가지 방법이 있니? spinach

❼ 버섯을 요리하는 몇 가지 방법이 있니? mushrooms

❽ 토마토를 요리하는 몇 가지 방법이 있니? tomatoes

★ 우리말 뜻을 참고하여 영어로 표현하세요.

He bought two bottles of water.
그는 두 병의 물을 샀다.

Did he buy two bottles of water?
그는 두 병의 물을 샀니?

시간 ❶ 그는 두 병의 물을 샀다. 현재완료

❷ 그는 두 병의 물을 산다. 현재

❸ 그는 두 병의 물을 살 것이다. 미래(be going to)

❹ 그는 두 병의 물을 살 것이다. 미래(will)

의문 ❺ 그는 두 병의 물을 샀니? 현재완료

❻ 그는 두 병의 물을 살 거니? 미래(will)

❼ 그는 두 병의 물을 살 거니? 미래(be going to)

❽ 그는 두 병의 물을 사니? 현재

▶ 074

★ 우리말 뜻을 참고하여 영어로 표현하세요.

She took care of ***her sick mother.***

그녀는 그녀의 아픈 어머니를 돌보았다.

She did not take care of ***her sick mother.***

그녀는 그녀의 아픈 어머니를 돌보지 않았다.

☑ take care of …를 돌보다, 보살피다

응용 ❶ 그녀는 그녀의 가족을 돌보았다. her family

❷ 그녀는 그 동물들을 돌보았다. the animals

❸ 그녀는 그녀의 아들을 돌보았다. her son

❹ 그녀는 그녀의 조부모님을 돌보았다. her grandparents

부정 ❺ 그녀는 그녀의 아들을 돌보지 않았다. her son

❻ 그녀는 그녀의 조부모님을 돌보지 않았다. her grandparents

❼ 그녀는 그녀의 가족을 돌보지 않았다. her family

❽ 그녀는 동물들을 돌보지 않았다. the animals

Review

071-074 그림을 보고 영어로 말해 보세요.

071

072

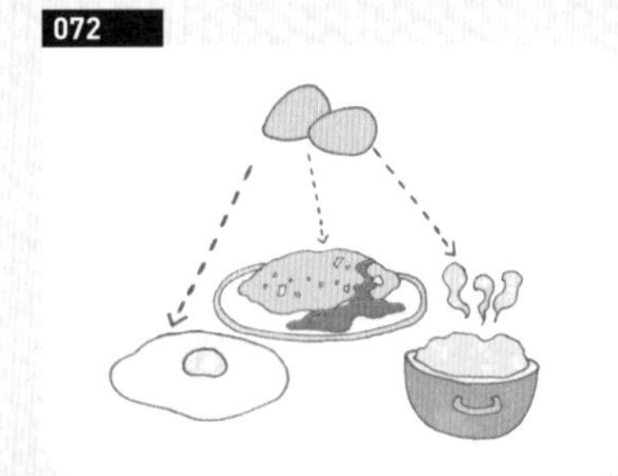

073

074

UNIT 17

전치사 to

Certainly I can!

시작 월 일 :

마침 월 일 :

☆ *We went* **to** *school.*

우리는 학교로 갔다.

전치사 to는 '~로 (향해)'라는 뜻으로 대개 '장소'를 나타내는 명사와 함께 쓰입니다.

☆ *That's important* **to** *me.*

그건 나에게는 중요하다.

to 뒤에 me, her, him과 같은 대명사가 오면 '~에게는', '~로서는'의 뜻으로도 사용됩니다.

☆ *She is listening* **to** *music.*

그녀는 음악을 듣고 있다.

to는 listen to처럼 동사와 함께 하나의 숙어 표현으로 쓰이기도 합니다.

★ 우리말 뜻을 참고하여 영어로 표현하세요.

He walks to the beach.
그는 해변으로 걸어간다.

Does he walk to the beach?
그는 해변으로 걸어가니?

시간 ❶ 그는 해변으로 걸어가고 있다. 현재진행

❷ 그는 해변으로 걸어갔다. 과거

❸ 그는 해변으로 걸어갔다. 현재완료

❹ 그는 해변으로 걸어갈 것이다. 미래(be going to)

의문 ❺ 그가 해변으로 걸어갔니? 과거

❻ 그가 해변으로 걸어가고 있니? 현재진행

❼ 그는 해변으로 걸어갈 거니? 미래(be going to)

❽ 그는 해변으로 걸어갔니? 현재완료

★ 우리말 뜻을 참고하여 영어로 표현하세요.

She is planning a trip to ***Europe.***

그녀는 유럽 여행을 계획하고 있다.

She is not planning a trip to ***Europe.***

그녀는 유럽 여행을 계획하고 있지 않다.

☑「a trip to+장소」 …로의 여행

응용 ❶ 그녀는 뉴욕 여행을 계획하고 있다. New York

❷ 그녀는 부산 여행을 계획하고 있다. Busan

❸ 그녀는 태국 여행을 계획하고 있다. Thailand

❹ 그녀는 로마 여행을 계획하고 있다. Rome

부정 ❺ 그녀는 태국 여행을 계획하고 있지 않다. Thailand

❻ 그녀는 뉴욕 여행을 계획하고 있지 않다. New York

❼ 그녀는 로마 여행을 계획하고 있지 않다. Rome

❽ 그녀는 부산 여행을 계획하고 있지 않다. Busan

★ 우리말 뜻을 참고하여 영어로 표현하세요.

He enjoys listening to music.
그는 음악 듣는 걸 좋아한다.

Does he enjoy listening to music?
그는 음악 듣는 걸 좋아하니?

일치 ❶ 앨리슨은 음악 듣는 걸 좋아한다. Allison

❷ 그의 친구들은 음악 듣는 걸 좋아한다. His friends

❸ 그녀의 친구는 음악 듣는 걸 좋아한다. Her friend

❹ 그들은 음악 듣는 걸 좋아한다. They

의문 ❺ 그녀의 친구는 음악 듣는 걸 좋아하니? her friend

❻ 그의 친구들은 음악 듣는 걸 좋아하니? his friends

❼ 앨리슨은 음악 듣는 걸 좋아하니? Allison

❽ 그들은 음악 듣는 걸 좋아하니? they

▶ 078

★ 우리말 뜻을 참고하여 영어로 표현하세요.

It was ***interesting*** to me.
그건 내게 흥미로웠다.

It was not ***interesting*** to me.
그건 내게 흥미롭지 않았다.

응용 ❶ 그건 내게 지루했다. boring

❷ 그건 내게 흥미진진했다. exciting

❸ 그건 내게 도움이 되었다. helpful

❹ 그건 내게 아주 흥미로웠다. quite interesting

부정 ❺ 그건 내게 도움이 되지 않았다. helpful

❻ 그건 내게 지루하지 않았다. boring

❼ 그건 내게 아주 흥미롭지 않았다. quite interesting

❽ 그건 내게 흥미진진하지 않았다. exciting

Review

075- 078 그림을 보고 영어로 말해 보세요.

075

076

077

078

UNIT

18

전치사 from

시작 월 일 :

마침 월 일 :

☆ ***My aunt arrived* from *America.***

우리 이모가 미국에서 도착했다.

It's going to be colder* from *the storm.

폭풍으로 더 추워질 것이다.

전치사 from은 '~부터', '~에서'의 뜻으로 근원이나 시작을 나타내며, 뒤에는 주로 '장소'와 '시간', '출처' 등을 나타내는 명사가 옵니다.

☆ ***Bread is made* from *flour.***

빵은 밀가루로 만들어진다.

전치사 from은 '(재료 · 원료)로'의 뜻을 나타내기도 합니다.

★ 우리말 뜻을 참고하여 영어로 표현하세요.

The wind ***blows*** from the east.

바람이 동쪽에서 분다.

The wind ***does not blow*** from the east.

바람이 동쪽에서 불지 않는다.

응용 ❶ 바람이 남쪽에서 분다. south

❷ 바람이 남서쪽에서 분다. southwest

❸ 바람이 북쪽에서 분다. north

❹ 바람이 북동쪽에서 분다. northeast

부정 ❺ 바람이 북쪽에서 불지 않는다. north

❻ 바람이 북동쪽에서 불지 않는다. northeast

❼ 바람이 남서쪽에서 불지 않는다. southwest

❽ 바람이 남쪽에서 불지 않는다. south

★ 우리말 뜻을 참고하여 영어로 표현하세요.

She took a pen from her backpack.
그녀는 그녀의 책가방에서 펜을 하나 꺼냈다.

Did she take a pen from her backpack?
그녀는 그녀의 책가방에서 펜을 하나 꺼냈니?

☑ take A from B B에서 A를 꺼내다, 빼내다(take-took-taken)

시간 ❶ 그녀는 그녀의 책가방에서 펜을 하나 꺼내고 있다. 현재진행

❷ 그녀는 그녀의 책가방에서 펜을 하나 꺼내고 있었다. 과거진행

❸ 그녀는 그녀의 책가방에서 펜을 하나 꺼냈다. 현재완료

❹ 그녀는 그녀의 책가방에서 펜을 하나 꺼낼 것이다. 미래(be going to)

의문 ❺ 그녀는 그녀의 책가방에서 펜을 하나 꺼내고 있었니? 과거진행

❻ 그녀는 그녀의 책가방에서 펜을 하나 꺼냈니? 현재완료

❼ 그녀는 그녀의 책가방에서 펜을 하나 꺼낼 거니? 미래(be going to)

❽ 그녀는 그녀의 책가방에서 펜을 하나 꺼내고 있니? 현재진행형

★ 우리말 뜻을 참고하여 영어로 표현하세요.

My vacation is from ***25th July*** to ***31st August.***

내 방학은 7월 25일부터 8월 31일까지이다.

My vacation is not from ***25th July*** to ***31st August.***

내 방학은 7월 25일부터 8월 31일까지가 아니다.

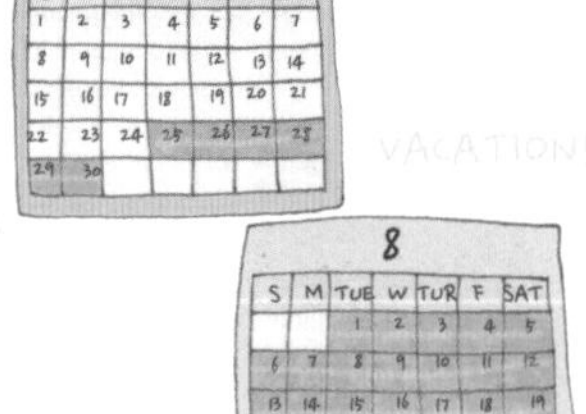

from A to B A부터 B까지

응용 ❶ 내 방학은 7월 말부터 8월 말까지이다. late July, late August

❷ 내 방학은 7월 초부터 8월 초까지이다. early July, early August

❸ 내 방학은 7월 중순부터 8월 중순까지이다. mid-July, mid-August

❹ 내 방학은 7월 초부터 8월 말까지이다. early July, late August

부정 ❺ 내 방학은 7월 초부터 8월 초까지가 아니다. early July, early August

❻ 내 방학은 7월 중순부터 8월 중순까지가 아니다. mid-July, mid-August

❼ 내 방학은 7월 말부터 8월 말까지가 아니다. late July, late August

❽ 내 방학은 7월 초부터 8월 말까지가 아니다. early July, late August

★ 우리말 뜻을 참고하여 영어로 표현하세요.

It is made from ***wood.***

그것은 나무로 만들어졌다.

Is it made from ***wood?***

그것은 나무로 만들어졌니?

☑ be made from …로 만들어지다

응용 ❶ 그것은 플라스틱으로 만들어졌다. plastic

❷ 그것은 유리로 만들어졌다. glass

❸ 그것은 금으로 만들어졌다. gold

❹ 그것은 은으로 만들어졌다. silver

의문 ❺ 그것은 유리로 만들어졌니? glass

❻ 그것은 은으로 만들어졌니? silver

❼ 그것은 플라스틱으로 만들어졌니? plastic

❽ 그것은 금으로 만들어졌니? gold

Review

079-082 그림을 보고 영어로 말해 보세요.

079

080

081

082

UNIT 19

전치사 for

Certainly I can!

시작 월 일 :

마침 월 일 :

☆ *This knife is **for** cutting potatoes.*

이 칼은 감자를 썰기 위한 것이다.

전치사 for는 '~을 위하여'라는 '목적'의 의미로 주로 사용됩니다. 전치사 뒤에는 명사, 대명사 외에 동사에 -ing를 붙인 동명사가 오기도 합니다.

☆ *The problem is easy **for** me.*

이 문제는 나에게 쉽다.

전치사 to처럼 뒤에 me, her, him과 같은 대명사가 오면 '~에게는', '~로서는'의 뜻으로도 쓰입니다.

☆ *He was away **for** two weeks.*

그는 2주 동안 밖에 나가 있었다.

'시간'을 나타내는 명사 앞에 for를 쓰면 '~ 동안'의 의미가 됩니다.

083

★ 우리말 뜻을 참고하여 영어로 표현하세요.

I have bought that cake for her.

나는 그녀를 위해 그 케이크를 샀다.

I have not bought that cake for her.

나는 그녀를 위해 그 케이크를 사지 않았다.

☑ buy A for B B를 위해[B에게 주려고] A를 사다

일치 ❶ 앤드류는 그녀를 위해 그 케이크를 샀다. Andrew

❷ 그는 그녀를 위해 그 케이크를 샀다. He

❸ 우리는 그녀를 위해 그 케이크를 샀다. We

❹ 그들은 그녀를 위해 그 케이크를 샀다. They

부정 ❺ 우리는 그녀를 위해 그 케이크를 사지 않았다. We

❻ 앤드류는 그녀를 위해 그 케이크를 사지 않았다. Andrew

❼ 그는 그녀를 위해 그 케이크를 사지 않았다. He

❽ 그들은 그녀를 위해 그 케이크를 사지 않았다. They

★ 우리말 뜻을 참고하여 영어로 표현하세요.

Vegetables are good for your health.
채소들은 네 건강에 좋다.

Are vegetables good for your health?
채소들이 네 건강에 좋니?

☑ be good for …에 좋다

일치 ❶ 토마토는 네 건강에 좋다. Tomatoes

❷ 양파는 네 건강에 좋다. Onions

❸ 당근은 네 건강에 좋다. Carrots

❹ 김치는 네 건강에 좋다. Kimchi

의문 ❺ 당근이 네 건강에 좋니? carrots

❻ 양파가 네 건강에 좋니? onions

❼ 김치가 네 건강에 좋니? kimchi

❽ 토마토가 네 건강에 좋니? tomatoes

★ 우리말 뜻을 참고하여 영어로 표현하세요.

English is too difficult for ***her***.
영어는 그녀에게 너무 어렵다.

Is ***English*** too difficult for ***her?***
영어가 그녀에게 너무 어렵니?

응용 ❶ 아랍어는 그에게 너무 어렵다. Arabic/him

❷ 독일어는 그에게 너무 어렵다. German/him

❸ 수학은 그에게 너무 어렵다. Math/him

❹ 컴퓨터 프로그래밍은 그에게 너무 어렵다. Computer programming/him

의문 ❺ 컴퓨터 프로그래밍이 그에게 너무 어렵니? computer programming/him

❻ 아랍어가 그에게 너무 어렵니? Arabic/him

❼ 수학이 그에게 너무 어렵니? math/him

❽ 독일어가 그에게 너무 어렵니? German/him

★ 우리말 뜻을 참고하여 영어로 표현하세요.

She has been waiting for ***two hours.***

그녀는 두 시간 동안 기다리고 있었다.

She has not been waiting for ***two hours.***

그녀는 두 시간 동안 기다리고 있지 않았다.

☑ half는 '1/2, 반'의 뜻이므로 half an hour는 '1시간의 반' 즉, '30분'을 나타내요.

응용 ❶ 그녀는 한 시간 동안 기다리고 있었다. an hour

❷ 그녀는 한 시간 넘게 기다리고 있었다. over an hour

❸ 그녀는 30분 동안 기다리고 있었다. half an hour

❹ 그녀는 20분 동안 기다리고 있었다. twenty minutes

부정 ❺ 그녀는 30분 동안 기다리고 있지 않았다. half an hour

❻ 그녀는 한 시간 동안 기다리고 있지 않았다. an hour

❼ 그녀는 한 시간 넘게 기다리고 있지 않았다. over an hour

❽ 그녀는 20분 동안 기다리고 있지 않았다. twenty minutes

Review

083-086 그림을 보고 영어로 말해 보세요.

083

084

085

086

UNIT 20 전치사 by

시작 월 일 :

마침 월 일 :

☆ *She is running* **by** *the lake.*

그녀는 호숫가를 뛰고 있다.

전치사 by 뒤에 '사람'이나 '장소' (대)명사가 오면 '~ 옆에', '~가에'라는 뜻입니다.

☆ *He will arrive home* **by** *6 o'clock.*

그는 6시까지 집에 도착할 것이다.

by 뒤에 '시간'을 나타내는 말이 오면 '~까지'라는 뜻으로 사용됩니다.

☆ *We traveled to Busan* **by** *train.*

우리는 기차로 부산까지 여행했다.

bus, car, bike, boat, plane 같은 교통수단 명사가 by 뒤에 쓰이면 '그 교통수단을 타고'란 의미입니다. 이때는 교통수단 앞에 a, an, the가 쓰이지 않는 것에 유의하세요.

▶ 087

★ 우리말 뜻을 참고하여 영어로 표현하세요.

She was sitting by ***me.***

그녀는 내 옆에 앉아 있었다.

She was not sitting by ***me.***

그녀는 내 옆에 앉아 있지 않았다.

☑ 전치사 뒤에 대명사가 올 때는 반드시 me, you, him, her, it, us, them 같은 목적격이 와요.

응용 ❶ 그녀는 그 옆에 앉아 있었다. him

❷ 그녀는 그들 옆에 앉아 있었다. them

❸ 그녀는 우리들 옆에 앉아 있었다. us

❹ 그녀는 그녀의 언니 옆에 앉아 있었다. her sister

부정 ❺ 그녀는 그녀의 언니 옆에 앉아 있지 않았다. her sister

❻ 그녀는 우리들 옆에 앉아 있지 않았다. us

❼ 그녀는 그들 옆에 앉아 있지 않았다. them

❽ 그녀는 그 옆에 앉아 있지 않았다. him

★ 우리말 뜻을 참고하여 영어로 표현하세요.

He is driving by the lake.

그는 호숫가를 운전하고 있다.

Is he driving by the lake?

그는 호숫가를 운전하고 있니?

drive–drove–driven 운전하다

시간 ❶ 그는 호숫가를 운전했다. 과거

❷ 그는 호숫가를 운전하고 있었다. 과거진행

❸ 그는 호숫가를 운전했다. 현재완료

❹ 그는 호숫가를 운전할 것이다. 미래(will)

의문 ❺ 그는 호숫가를 운전했니? 과거

❻ 그는 호숫가를 운전했니? 현재완료

❼ 그는 호숫가를 운전할 거니? 미래(will)

❽ 그는 호숫가를 운전하고 있었니? 과거진행

089

★ 우리말 뜻을 참고하여 영어로 표현하세요.

He wants me to finish it by ***tomorrow.***

그는 내가 그것을 내일까지 마치기를 원한다.

Does he want me to finish it by ***tomorrow?***

그는 내가 그것을 내일까지 마치기를 원하니?

「want+목적어+to동사원형」 목적어가 …하기를 원하다 •「next+요일」 다음 주 …요일

응용 ❶ 그는 내가 그것을 내일 아침까지 마치기를 원한다. tomorrow morning

❷ 그는 내가 그것을 월요일까지 마치기를 원한다. Monday

❸ 그는 내가 그것을 다음 주 월요일까지 마치기를 원한다. next Monday

❹ 그는 내가 그것을 3시까지 마치기를 원한다. 3 o'clock

의문 ❺ 그는 내가 그것을 다음 주 월요일까지 마치기를 원하니? next Monday

❻ 그는 내가 그것을 내일 아침까지 마치기를 원하니? tomorrow morning

❼ 그는 내가 그것을 3시까지 마치기를 원하니? 3 o'clock

❽ 그는 내가 그것을 월요일까지 마치기를 원하니? Monday

★ 우리말 뜻을 참고하여 영어로 표현하세요.

Melanie came here by ***bus.***
멜라니는 버스로 여기 왔다.

Melanie did not come here by ***bus.***
멜라니는 버스로 여기 오지 않았다.

응용 ❶ 멜라니는 기차로 여기 왔다. train

❷ 멜라니는 자동차로 여기 왔다. car

❸ 멜라니는 자전거로 여기 왔다. bike

❹ 멜라니는 지하철로 여기 왔다. subway

부정 ❺ 멜라니는 자전거로 여기 오지 않았다. bike

❻ 멜라니는 자동차로 여기 오지 않았다. car

❼ 멜라니는 지하철로 여기 오지 않았다. subway

❽ 멜라니는 기차로 여기 오지 않았다. train

Review

087-090 그림을 보고 영어로 말해 보세요.

087

088

089

090

UNIT 21 전치사 with

시작 월 일 :

마침 월 일 :

He came **with** *a friend.*
그는 친구와 함께 왔다.

He has a jacket **with** *a hood.*
그는 모자가 달린 재킷이 있다.

전치사 with는 '~와 함께', '~이 달린, ~을 가진'의 뜻이 있습니다. 뒤에 명사나 대명사가 옵니다.

I ate spaghetti **with** *a fork.*
나는 포크로 스파게티를 먹었다.

전치사 with는 '~로, ~를 써서'라는 의미로도 쓰입니다. 역시 뒤에 명사, 대명사가 옵니다.

She was angry **with** *me.*
그녀는 나에게 화가 났었다.

일종의 숙어 표현으로 '~에게 화가 나다'라고 할 때 '~에게'의 뜻으로 전치사 to가 아닌 with를 써서 표현합니다. 중요한 거니까 꼭 알아두세요.

091

★ 우리말 뜻을 참고하여 영어로 표현하세요.

Victoria is with her ***friends.***
빅토리아는 친구들과 함께 있다.

Is Victoria with her friends?
빅토리아는 친구들과 함께 있니?

응용 ① 빅토리아는 가족과 함께 있다. family

② 빅토리아는 사촌들과 함께 있다. cousins

③ 빅토리아는 학생들과 함께 있다. students

④ 빅토리아는 반 친구들과 함께 있다. classmates

의문 ⑤ 빅토리아는 사촌들과 함께 있니? cousins

⑥ 빅토리아는 가족과 함께 있니? family

⑦ 빅토리아는 반 친구들과 함께 있니? classmates

⑧ 빅토리아는 학생들과 함께 있니? students

★ 우리말 뜻을 참고하여 영어로 표현하세요.

He is playing with his friends.
그는 친구들과 놀고 있다.

He is not playing with his friends.
그는 친구들과 놀고 있지 않다.

시간 ❶ 그는 친구들과 놀았다. 과거

❷ 그는 친구들과 놀고 있었다. 과거진행

❸ 그는 친구들과 논다. 현재

❹ 그는 친구들과 놀 것이다. 미래(be going to)

부정 ❺ 그는 친구들과 놀지 않았다. 과거

❻ 그는 친구들과 놀지 않는다. 현재

❼ 그는 친구들과 놀지 않을 것이다. 미래(be going to)

❽ 그는 친구들과 놀고 있지 않았다. 과거진행

★ 우리말 뜻을 참고하여 영어로 표현하세요.

Allison is tall with ***blond hair.***

앨리슨은 금발에 키가 크다.

Is Allison tall with ***blond hair?***

앨리슨은 금발에 키가 크니?

응용 ❶ 앨리슨은 흑발에 키가 크다. black hair

❷ 앨리슨은 긴 금발에 키가 크다. long blond hair

❸ 앨리슨은 곱슬 머리에 키가 크다. curly hair

❹ 앨리슨은 갈색 눈에 키가 크다. brown eyes

의문 ❺ 앨리슨은 흑발에 키가 크니? black hair

❻ 앨리슨은 갈색 눈에 키가 크니? brown eyes

❼ 앨리슨은 곱슬 머리에 키가 크니? curly hair

❽ 앨리슨은 긴 금발에 키가 크니? long blond hair

★ 우리말 뜻을 참고하여 영어로 표현하세요.

David is angry with her.

데이빗은 그녀에게 화가 났다.

David is not angry with her.

데이빗은 그녀에게 화나지 않았다.

일치 ❶ 그녀의 남자친구는 그녀에게 화가 났다. Her boyfriend

❷ 그는 그녀에게 화가 났다. He

❸ 그녀의 친구들은 그녀에게 화가 났다. Her friends

❹ 우리는 그녀에게 화가 났다. We

부정 ❺ 그녀의 친구들은 그녀에게 화나지 않았다. Her friends

❻ 그녀의 남자친구는 그녀에게 화나지 않았다. Her boyfriend

❼ 우리는 그녀에게 화나지 않았다. We

❽ 그는 그녀에게 화나지 않았다. He

Review

091 - 094 그림을 보고 영어로 말해 보세요.

092

093

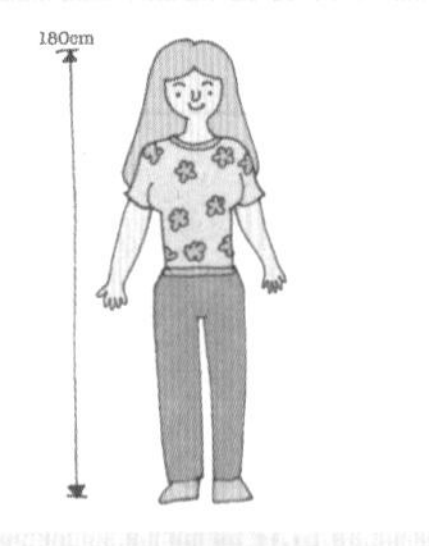

094

UNIT 22

시작 월 일 :

마침 월 일 :

This book is **about** *wild flowers.*

이 책은 야생화들에 관한 것이다.

My parents worry **about** *me.*

우리 부모님은 나에 대해 걱정하신다.

전치사 about은 '~에 대하여', '~에 관하여'란 뜻으로 주로 사용합니다. 전치사 뒤에는 명사, 대명사가 올 수 있는데 대명사가 올 때는 me, you, him, her, us, them, it처럼 목적격이 오는 것에 주의하세요.

★ 우리말 뜻을 참고하여 영어로 표현하세요.

The story is about ***an orphan girl.***

그 이야기는 어떤 고아 소녀에 관한 것이다.

The story is not about ***an orphan girl.***

그 이야기는 어떤 고아 소녀에 관한 게 아니다.

응용 ❶ 그 이야기는 어떤 공주에 관한 것이다. a princess

❷ 그 이야기는 어떤 어린 왕자에 관한 것이다. a little prince

❸ 그 이야기는 어떤 천사에 관한 것이다. an angel

❹ 그 이야기는 어떤 오리새끼에 관한 것이다. a duckling

부정 ❺ 그 이야기는 어떤 천사에 관한 게 아니다. an angel

❻ 그 이야기는 어떤 어린 왕자에 관한 게 아니다. a little prince

❼ 그 이야기는 어떤 오리새끼에 관한 게 아니다. a duckling

❽ 그 이야기는 어떤 공주에 관한 게 아니다. a princess

★ 우리말 뜻을 참고하여 영어로 표현하세요.

I am thinking about that.
나는 그것에 대해 생각하고 있다.

I am not thinking about that.
나는 그것에 대해 생각하고 있지 않다.

☑ think about …에 대해 생각하다 (think–thought–thought)

시간 ❶ 나는 그것에 대해 생각했다. 과거

❷ 나는 그것에 대해 생각하고 있었다. 과거진행

❸ 나는 그것에 대해 생각했다. 현재완료

❹ 나는 그것에 대해 생각할 것이다. 미래(will)

부정 ❺ 나는 그것에 대해 생각하지 않았다. 과거

❻ 나는 그것에 대해 생각하지 않았다. 현재완료

❼ 나는 그것에 대해 생각하지 않을 것이다. 미래(will)

❽ 나는 그것에 대해 생각하고 있지 않았다. 과거진행

▶ 097

★ 우리말 뜻을 참고하여 영어로 표현하세요.

He wants ***you*** to think about that.
그는 네가 그것에 대해 생각해 보기를 바란다.

Does he want ***you*** to think about that?
그는 네가 그것에 대해 생각해 보기를 바라니?

응용 ❶ 그는 우리가 그것에 대해 생각해 보기를 바란다. us

❷ 그는 그녀가 그것에 대해 생각해 보기를 바란다. her

❸ 그는 앤드류가 그것에 대해 생각해 보기를 바란다. Andrew

❹ 그는 그의 부모님이 그것에 대해 생각해 보기를 바란다. his parents

의문 ❺ 그는 그녀가 그것에 대해 생각해 보기를 바라니? her

❻ 그는 그의 부모님이 그것에 대해 생각해 보기를 바라니? his parents

❼ 그는 앤드류가 그것에 대해 생각해 보기를 바라니? Andrew

❽ 그는 우리가 그것에 대해 생각해 보기를 바라니? us

★ 우리말 뜻을 참고하여 영어로 표현하세요.

We talked about ***our hobbies.***
우리는 우리의 취미들에 관해 얘기했다.

We did not talk about ***our hobbies.***
우리는 우리의 취미들에 관해 얘기하지 않았다.

응용 ❶ 우리는 그 책에 관해 얘기했다. the book

❷ 우리는 그의 프로젝트에 관해 얘기했다. his project

❸ 우리는 우리의 문제들에 관해 얘기했다. our problems

❹ 우리는 공기 오염에 관해 얘기했다. air pollution

부정 ❺ 우리는 공기 오염에 관해 얘기하지 않았다. air pollution

❻ 우리는 그의 프로젝트에 관해 얘기하지 않았다. his project

❼ 우리는 우리의 문제들에 관해 얘기하지 않았다. our problems

❽ 우리는 그 책에 관해 얘기하지 않았다. the book

Review

095-098 그림을 보고 영어로 말해 보세요.

095

096

097

098

UNIT 23

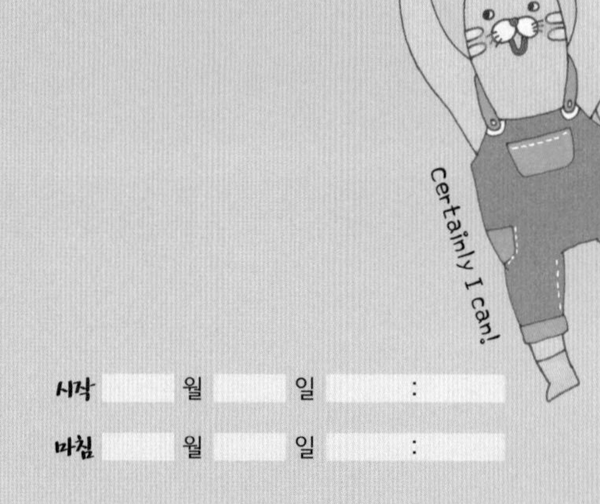

시작 월 일 :

마침 월 일 :

인칭 \ 수	단수	복수
1인칭	my (나의)	our (우리의)
2인칭	your (너의)	your (당신들의)
3인칭	his (그의) her (그녀의) its (그것의)	their (그들의, 그것들의)

He has **his** *room.*

그는 그의 방이 있다.

He has **his own** *room.*

그는 자기 자신만의 방이 있다. **(소유격 강조)**

대명사 소유격은 혼자 못 쓰고 항상 뒤에 명사와 함께 쓰입니다. 한편 '자신의 ~', '자신만의 ~'의 뜻으로 소유격의 의미를 강조할 때는 「소유격+own+명사」의 형태를 쓰기도 합니다.

099

★ 우리말 뜻을 참고하여 영어로 표현하세요.

He has chosen his clothes.
그는 자기 옷을 골랐다.

Has he chosen his clothes?
그는 자기 옷을 골랐니?

일치 ❶ 빅토리아는 자기 옷을 골랐다. Victoria–her

❷ 그녀는 자기 옷을 골랐다. She–her

❸ 라이언은 자기 옷을 골랐다. Ryan–his

❹ 그들은 자기들 옷을 골랐다. They–their

의문 ❺ 그녀는 자기 옷을 골랐니? she–her

❻ 빅토리아는 자기 옷을 골랐니? Victoria–her

❼ 그들은 자기들 옷을 골랐니? they–their

❽ 라이언은 자기 옷을 골랐니? Ryan–his

★ 우리말 뜻을 참고하여 영어로 표현하세요.

Melanie dyed her hair *yellow.*

멜라니는 자기 머리를 노랗게 염색했다.

Melanie did not dye her hair *yellow.*

멜라니는 자기 머리를 노랗게 염색하지 않았다.

「dye one's hair+색깔」 ~의 머리를 …색으로 염색하다

응용 ❶ 멜라니는 자기 머리를 핑크색으로 염색했다. pink

❷ 멜라니는 자기 머리를 빨갛게 염색했다. red

❸ 멜라니는 자기 머리를 자주색으로 염색했다. purple

❹ 멜라니는 자기 머리를 파랗게 염색했다. blue

부정 ❺ 멜라니는 자기 머리를 빨갛게 염색하지 않았다. red

❻ 멜라니는 자기 머리를 파랗게 염색하지 않았다. blue

❼ 멜라니는 자기 머리를 자주색으로 염색하지 않았다. purple

❽ 멜라니는 자기 머리를 핑크색으로 염색하지 않았다. pink

▶101

★ 우리말 뜻을 참고하여 영어로 표현하세요.

She brushes her teeth.

그녀는 이를 닦는다.

She does not brush her teeth.

그녀는 이를 닦지 않는다.

✔ tooth는 '이' 한 개, teeth는 tooth의 복수형으로 '이를 닦는다'고 할 때는 항상 복수형 teeth로 표현해요.

일치 ❶ 그 남자아이는 이를 닦는다. The boy–his

❷ 그 여자아이는 이를 닦는다. The girl–her

❸ 나는 이를 닦는다. I–my

❹ 우리 엄마는 이를 닦는다. My mom–her

부정 ❺ 그 여자아이는 이를 닦지 않는다. The girl–her

❻ 그 남자아이는 이를 닦지 않는다. The boy–his

❼ 나는 이를 닦지 않는다. I–my

❽ 우리 엄마는 이를 닦지 않는다. My mom–her

★ 우리말 뜻을 참고하여 영어로 표현하세요.

She brushes her teeth ***twice a day.***
그녀는 하루에 두 번 이를 닦는다.

Does she brush her teeth ***twice a day?***
그녀는 하루에 두 번 이를 닦니?

☑ a day의 a는 '~마다'의 의미예요. 그래서 twice a week는 '일주일마다 두 번'의 뜻이죠.

응용 ❶ 그녀는 하루에 한 번 이를 닦는다. once a day

❷ 그녀는 하루에 세 번 이를 닦는다. three times a day

❸ 그녀는 매일 아침 이를 닦는다. every morning

❹ 그녀는 저녁에 이를 닦는다. in the evening

의문 ❺ 그녀는 하루에 세 번 이를 닦니? three times a day

❻ 그녀는 저녁에 이를 닦니? in the evening

❼ 그녀는 매일 아침 이를 닦니? every morning

❽ 그녀는 하루에 한 번 이를 닦니? once a day

103

★ 우리말 뜻을 참고하여 영어로 표현하세요.

He is proud of his son.
그는 자기 아들을 자랑스러워한다.

Is he proud of his son?
그는 자기 아들을 자랑스러워하니?

✓ be proud of …을 자랑스러워하다

일치 ❶ 그들은 자신들의 아들을 자랑스러워한다. They–their

❷ 그녀는 자기 아들을 자랑스러워한다. She–her

❸ 라이언은 자기 아들을 자랑스러워한다. Ryan–his

❹ 제니퍼는 자기 아들을 자랑스러워한다. Jennifer–her

의문 ❺ 라이언은 자기 아들을 자랑스러워하니? Ryan–his

❻ 제니퍼는 자기 아들을 자랑스러워하니? Jennifer–her

❼ 그들은 자신들의 아들을 자랑스러워하니? they–their

❽ 그녀는 자기 아들을 자랑스러워하니? she–her

★ 우리말 뜻을 참고하여 영어로 표현하세요.

He put the ***toy*** back in its place.
그는 장난감을 다시 제자리에 갖다 놓았다.

He did not put the ***toy*** back in its place.
그는 장난감을 다시 제자리에 갖다 놓지 않았다.

☑ put … back in one's place …을 **제자리에 다시 갖다 놓다**

응용 ❶ 그는 책을 다시 제자리에 갖다 놓았다. book

❷ 그는 잡지를 다시 제자리에 갖다 놓았다. magazine

❸ 그는 책상을 다시 제자리에 갖다 놓았다. desk

❹ 그는 의자를 다시 제자리에 갖다 놓았다. chair

부정 ❺ 그는 잡지를 다시 제자리에 갖다 놓지 않았다. magazine

❻ 그는 의자를 다시 제자리에 갖다 놓지 않았다. chair

❼ 그는 책상을 다시 제자리에 갖다 놓지 않았다. desk

❽ 그는 책을 다시 제자리에 갖다 놓지 않았다. book

105

★ 우리말 뜻을 참고하여 영어로 표현하세요.

Ryan is driving his car.
라이언은 자기 차를 운전하고 있다.

Is Ryan driving his car?
라이언은 자기 차를 운전하고 있니?

일치 ❶ 그들은 자기들 차를 운전하고 있다. They–their

❷ 그녀는 자기 차를 운전하고 있다. She–her

❸ 앤드류는 자기 차를 운전하고 있다. Andrew–his

❹ 앨리슨은 자기 차를 운전하고 있다. Allison–her

의문 ❺ 앤드류는 자기 차를 운전하고 있니? Andrew–his

❻ 앨리슨은 자기 차를 운전하고 있니? Allison–her

❼ 그녀는 자기 차를 운전하고 있니? she–her

❽ 그들은 자기들 차를 운전하고 있니? they–their

★ 우리말 뜻을 참고하여 영어로 표현하세요.

Ryan is driving his car down the street.

라이언은 길을 따라 자기 차를 운전하고 있다.

Is Ryan driving his car down the street?

라이언은 길을 따라 자기 차를 운전하고 있니?

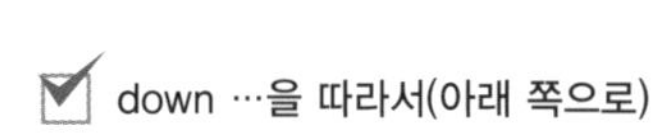
down …을 따라서(아래 쪽으로)

시간 ❶ 라이언은 길을 따라 자기 차를 운전했다. 과거

❷ 라이언은 길을 따라 자기 차를 운전하고 있었다. 과거진행

❸ 라이언은 길을 따라 자기 차를 운전했다. 현재완료

❹ 라이언은 길을 따라 자기 차를 운전할 것이다. 미래(be going to)

의문 ❺ 라이언은 길을 따라 자기 차를 운전했니? 과거

❻ 라이언은 길을 따라 자기 차를 운전했니? 현재완료

❼ 라이언은 길을 따라 자기 차를 운전할 거니? 미래(be going to)

❽ 라이언은 길을 따라 자기 차를 운전하고 있었니? 과거진행

★ 우리말 뜻을 참고하여 영어로 표현하세요.

She seems to be happy with her school life.

그녀는 자기의 학교 생활에 만족하는 듯하다.

She does not seem to be happy with her school life.

그녀는 자기 학교 생활에 만족하지 않는 듯하다.

「seem to+동사원형」 …인 듯하다 • be happy with …에 만족하다, 행복감을 느끼다

일치 ❶ 우리 형은 자기 학교 생활에 만족하는 듯하다. My brother–his

❷ 우리 누나들은 자기 학교 생활에 만족하는 듯하다. My sisters–their

❸ 데이빗은 자기 학교 생활에 만족하는 듯하다. David–his

❹ 그는 자기 학교 생활에 만족하는 듯하다. He–his

부정 ❺ 우리 누나들은 자기 학교 생활에 만족하지 않는 듯하다. My sisters–their

❻ 우리 형은 자기 학교 생활에 만족하지 않는 듯하다. My brother–his

❼ 데이빗은 자기 학교 생활에 만족하지 않는 듯하다. David–his

❽ 그는 자기 학교 생활에 만족하지 않는 듯하다. He–his

★ 우리말 뜻을 참고하여 영어로 표현하세요.

Every country has its own ***culture.***

모든 나라는 자신만의 문화를 갖고 있다.

Does every country have its own ***culture?***

모든 나라는 자신만의 문화를 갖고 있니?

응용 ❶ 모든 나라는 자신만의 언어를 갖고 있다. language

❷ 모든 나라는 자신만의 국기를 갖고 있다. flag

❸ 모든 나라는 자신만의 전통을 갖고 있다. tradition

❹ 모든 나라는 자신만의 관습들을 갖고 있다. customs

의문 ❺ 모든 나라는 자신만의 전통을 갖고 있니? tradition

❻ 모든 나라는 자신만의 관습들을 갖고 있니? customs

❼ 모든 나라는 자신만의 국기를 갖고 있니? flag

❽ 모든 나라는 자신만의 언어를 갖고 있니? language

★ 우리말 뜻을 참고하여 영어로 표현하세요.

The boy broke his arm.
그 남자아이는 팔이 부러졌다.

The boy did not break his arm.
그 남자아이는 팔이 부러지지 않았다.

☑ 이 문장을 '그 남자아이는 자기 팔을 부러뜨렸다'로 이해하지 않도록 하세요.

일치 ❶ 우리 형은 팔이 부러졌다. My brother–his

❷ 그녀의 남동생은 팔이 부러졌다. Her brother–his

❸ 라이언은 팔이 부러졌다. Ryan–his

❹ 그는 팔이 부러졌다. He–his

부정 ❺ 라이언은 팔이 부러지지 않았다. Ryan–his

❻ 우리 형은 팔이 부러지지 않았다. My brother–his

❼ 그녀의 남동생은 팔이 부러지지 않았다. Her brother–his

❽ 그는 팔이 부러지지 않았다. He–his

★ 우리말 뜻을 참고하여 영어로 표현하세요.

The boy broke his arm ***on the playground.***
그 남자아이는 놀이터에서 팔이 부러졌다.

Did the boy break his arm
on the playground?
그 남자아이는 놀이터에서 팔이 부러졌니?

응용 ❶ 그 남자아이는 학교에서 팔이 부러졌다. at school

❷ 그 남자아이는 체육 시간에 팔이 부러졌다. in P.E. class

❸ 그 남자아이는 어제 팔이 부러졌다. yesterday

❹ 그 남자아이는 지난 주말에 팔이 부러졌다. last weekend

의문 ❺ 그 남자아이는 체육 시간에 팔이 부러졌니? in P.E. class

❻ 그 남자아이는 학교에서 팔이 부러졌니? at school

❼ 그 남자아이는 지난 주말에 팔이 부러졌니? last weekend

❽ 그 남자아이는 어제 팔이 부러졌니? yesterday

Review

099-110 그림을 보고 영어로 말해 보세요.

099

100

101

102

103

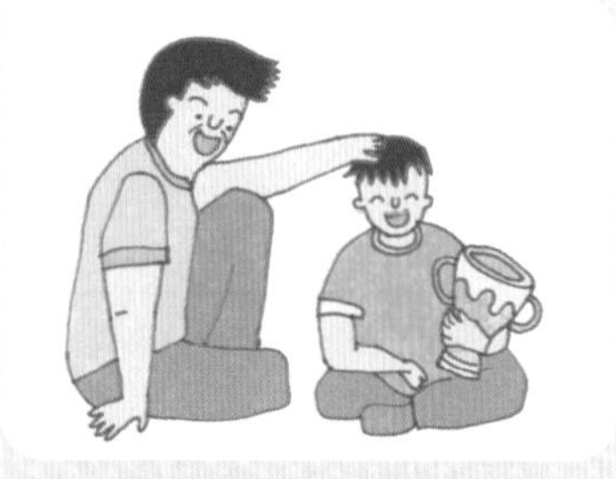

104

105

106

107

108

109

110

UNIT 24 명사 소유격

시작 월 일 :

마침 월 일 :

☆ **the boy's** *glasses* 그 남자아이의 안경

my friend's *glasses* 내 친구의 안경

David's *glasses* 데이빗의 안경

대명사의 소유격과 달리 명사의 소유격은 명사 뒤에 's를 붙여서 만듭니다.

☆ **James'** *clothes* 제임스의 옷들

my parents' *wish* 우리 부모님의 소망

명사가 -s로 끝나거나 -s로 끝나는 복수명사의 소유격은 '(아포스트로피)만 붙입니다.

★ 우리말 뜻을 참고하여 영어로 표현하세요.

David's ***school books*** are in his backpack.
데이빗의 교과서들이 그의 책가방 안에 있다.

David's ***school books*** are not in his backpack.
데이빗의 교과서들이 그의 책가방 안에 없다.

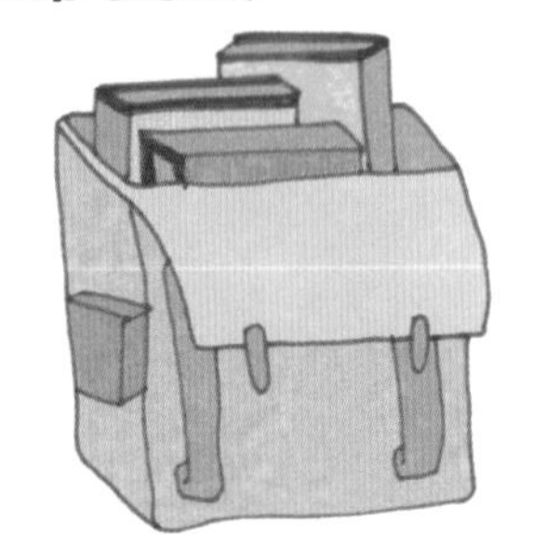

응용 ❶ 데이빗의 공책들이 그의 책가방 안에 있다. notebooks

❷ 데이빗의 연필들이 그의 책가방 안에 있다. pencils

❸ 데이빗의 포스트잇이 그의 책가방 안에 있다. sticky notes

❹ 데이빗의 막대풀들이 그의 책가방 안에 있다. glue sticks

부정 ❺ 데이빗의 포스트잇이 그의 책가방 안에 없다. sticky notes

❻ 데이빗의 막대풀들이 그의 책가방 안에 없다. glue sticks

❼ 데이빗의 연필들이 그의 책가방 안에 없다. pencils

❽ 데이빗의 공책들이 그의 책가방 안에 없다. notebooks

★ 우리말 뜻을 참고하여 영어로 표현하세요.

His ***mother's*** leg still hurts.

그의 어머니는 다리가 아직도 아프다.

Does his ***mother's*** leg still hurt?

그의 어머니는 다리가 아직도 아프니?

응용 ❶ 그의 아버지는 다리가 아직도 아프다. father

❷ 그의 할머니는 다리가 아직도 아프다. grandma

❸ 그의 누나는 다리가 아직도 아프다. sister

❹ 그의 형은 다리가 아직도 아프다. brother

의문 ❺ 그의 누나는 다리가 아직도 아프니? sister

❻ 그의 형은 다리가 아직도 아프니? brother

❼ 그의 할머니는 다리가 아직도 아프니? grandma

❽ 그의 아버지는 다리가 아직도 아프니? father

★ 우리말 뜻을 참고하여 영어로 표현하세요.

My ***neighbor's*** dog barks all the time.

우리 이웃의 개는 늘 짖어댄다.

My ***neighbor's*** dog does not bark all the time.

우리 이웃의 개가 늘 짖어대지는 않는다.

☑ all the time 늘, 항상 (주로 문장 뒤에 놓여요.)

응용 ❶ 우리 고모의 개는 늘 짖어댄다. aunt

❷ 우리 삼촌의 개는 늘 짖어댄다. uncle

❸ 우리 사촌의 개는 늘 짖어댄다. cousin

❹ 내 친구의 개는 늘 짖어댄다. friend

부정 ❺ 우리 삼촌의 개가 늘 짖어대지는 않는다. uncle

❻ 우리 고모의 개가 늘 짖어대지는 않는다. aunt

❼ 내 친구의 개가 늘 짖어대지는 않는다. friend

❽ 우리 사촌의 개가 늘 짖어대지는 않는다. cousin

★ 우리말 뜻을 참고하여 영어로 표현하세요.

Andrew's ***clothes*** are in the closet.
앤드류의 옷들이 옷장에 있다.

Are Andrew's ***clothes*** in the closet?
앤드류의 옷들이 옷장에 있니?

응용 ❶ 앤드류의 재킷들이 옷장에 있다. jackets

❷ 앤드류의 바지가 옷장에 있다. pants

❸ 앤드류의 티셔츠들이 옷장에 있다. T–shirts

❹ 앤드류의 운동화가 옷장에 있다. sneakers

의문 ❺ 앤드류의 바지가 옷장에 있니? pants

❻ 앤드류의 티셔츠들이 옷장에 있니? T–shirts

❼ 앤드류의 운동화가 옷장에 있니? sneakers

❽ 앤드류의 재킷들이 옷장에 있니? jackets

★ 우리말 뜻을 참고하여 영어로 표현하세요.

Victoria's coat is the black one.

빅토리아의 코트는 검정색 것이다.

Is ***Victoria's*** coat the black one?

빅토리아의 코트는 검정색 것이니?

☑ one은 이미 앞에 언급됐던 명사를 다시 말할 때 반복을 피하려고 쓰는 대명사예요.

응용 ❶ 앨리슨의 코트는 검정색 것이다. Allison

❷ 멜라니의 코트는 검정색 것이다. Melanie

❸ 데이빗의 코트는 검정색 것이다. David

❹ 라이언의 코트는 검정색 것이다. Ryan

의문 ❺ 멜라니의 코트는 검정색 것이니? Melanie

❻ 데이빗의 코트는 검정색 것이니? David

❼ 앨리슨의 코트는 검정색 것이니? Allison

❽ 라이언의 코트는 검정색 것이니? Ryan

★ 우리말 뜻을 참고하여 영어로 표현하세요.

The girl's new ***cellphone*** costs $300.
그 여자아이의 새 핸드폰은 가격이 300달러이다.

Does the girl's new ***cellphone*** cost $300?
그 여자아이의 새 핸드폰 가격이 300달러이니?

☑ cost+가격 가격이 …이다

응용 ❶ 그 여자아이의 새 원피스 가격이 300달러이다. dress

❷ 그 여자아이의 새 노트북 가격이 300달러이다. laptop

❸ 그 여자아이의 새 구두 가격이 300달러이다. shoes

❹ 그 여자아이의 새 운동화 가격이 300달러이다. sneakers

의문 ❺ 그 여자아이의 새 운동화 가격이 300달러이니? sneakers

❻ 그 여자아이의 새 원피스 가격이 300달러이니? dress

❼ 그 여자아이의 새 노트북 가격이 300달러이니? laptop

❽ 그 여자아이의 새 구두 가격이 300달러이니? shoes

Review

111-116 그림을 보고 영어로 말해 보세요.

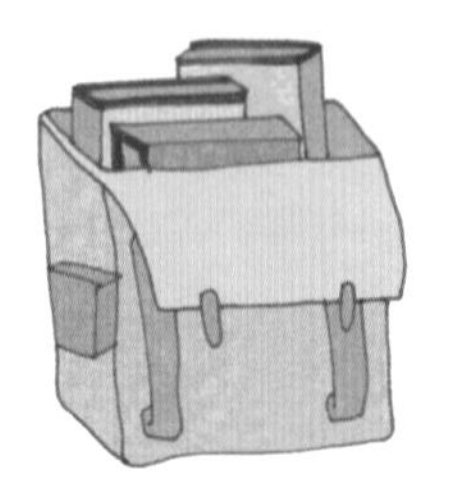

113

114

115

116

UNIT 25

재귀대명사

시작 월 일 :

마침 월 일 :

He sees **himself** *in the mirror.*

그는 거울로 자기 자신을 본다.

I'd like to introduce **myself**.

내 소개를 하고 싶다.(나 자신을 소개하고 싶다.)

I → myself	you → yourself	he → himself she → herself it → itself
we → ourselves	you → yourselves	they → themselves

'~ 자신을'이란 뜻의 재귀대명사는 앞에 나온 주어가 문장에서 목적어로 다시 나올 때 쓰는 형태입니다. 주어에 따라 재귀대명사의 형태가 달라집니다.

I want **you** *to do it* **yourself**.

나는 네가 그것을 스스로 하기를 바란다.

이런 재귀대명사는 '~ 스스로', '직접'의 뜻도 있어서 행동하는 주체를 강조하여 쓰이기도 합니다.

★ 우리말 뜻을 참고하여 영어로 표현하세요.

I will do it ***myself.***
나는 그것을 스스로 할 것이다.

I won't do it ***myself.***
나는 그것을 스스로 하지 않을 것이다.

일치 ❶ 그는 그것을 스스로 할 것이다. He–himself

❷ 그녀는 그것을 스스로 할 것이다. She–herself

❸ 우리는 그것을 스스로 할 것이다. We–ourselves

❹ 그들은 그것을 스스로 할 것이다. They–themselves

부정 ❺ 우리는 그것을 스스로 하지 않을 것이다. We–ourselves

❻ 그녀는 그것을 스스로 하지 않을 것이다. She–herself

❼ 그들은 그것을 스스로 하지 않을 것이다. They–themselves

❽ 그는 그것을 스스로 하지 않을 것이다. He–himself

★ 우리말 뜻을 참고하여 영어로 표현하세요.

The dog sees ***itself*** in the mirror.
개가 거울에서 자신의 모습을 보고 있다.

Does ***the dog*** see ***itself*** in the mirror?
개가 거울에서 자신의 모습을 보고 있니?

일치 ❶ 고양이가 거울에서 자신의 모습을 보고 있다. The cat–itself

❷ 개 두 마리가 거울에서 자신들의 모습을 보고 있다. Two dogs–themselves

❸ 강아지가 거울에서 자신의 모습을 보고 있다. The puppy–itself

❹ 새끼 고양이 세 마리가 거울에서 자신들의 모습을 보고 있다. Three kittens–themselves

의문 ❺ 강아지가 거울에서 자신의 모습을 보고 있니? the puppy–itself

❻ 개 두 마리가 거울에서 자신들의 모습을 보고 있니? two dogs–themselves

❼ 고양이가 거울에서 자신의 모습을 보고 있니? the cat–itself

❽ 새끼 고양이 세 마리가 거울에서 자신들의 모습을 보고 있니? three kittens–themselves

★ 우리말 뜻을 참고하여 영어로 표현하세요.

She is relaxing ***herself.***
그녀는 휴식을 취하고 있다.

She is not relaxing ***herself.***
그녀는 휴식을 취하고 있지 않다.

여기서 재귀대명사는 다름 아닌 바로 주어가 쉬고 있는 걸 강조하고 있어요.

일치 ❶ 앤드류는 휴식을 취하고 있다. Andrew–himself

❷ 앨리슨은 휴식을 취하고 있다. Allison–herself

❸ 그들은 휴식을 취하고 있다. They–themselves

❹ 우리는 휴식을 취하고 있다. We–ourselves

부정 ❺ 앨리슨은 휴식을 취하고 있지 않다. Allison–herself

❻ 우리는 휴식을 취하고 있지 않다. We–ourselves

❼ 앤드류는 휴식을 취하고 있지 않다. Andrew–himself

❽ 그들은 휴식을 취하고 있지 않다. They–themselves

★ 우리말 뜻을 참고하여 영어로 표현하세요.

She is relaxing herself by ***listening to music.***
그녀는 음악을 들으면서 휴식을 취하고 있다.

Is she relaxing herself by ***listening to music?***
그녀는 음악을 들으면서 휴식을 취하고 있니?

응용 ❶ 그녀는 텔레비전을 보면서 휴식을 취하고 있다. watching TV

❷ 그녀는 산책을 하면서 휴식을 취하고 있다. taking a walk

❸ 그녀는 책을 읽으면서 휴식을 취하고 있다. reading a book

❹ 그녀는 소파에서 잠을 자면서 휴식을 취하고 있다. sleeping on the couch

의문 ❺ 그녀는 산책을 하면서 휴식을 취하고 있니? taking a walk

❻ 그녀는 텔레비전을 보면서 휴식을 취하고 있니? watching TV

❼ 그녀는 소파에서 잠을 자면서 휴식을 취하고 있니? sleeping on the couch

❽ 그녀는 책을 읽으면서 휴식을 취하고 있니? reading a book

Review

117-120 그림을 보고 영어로 말해 보세요.

117

118

119

120

Certainly I can!